Hans Peter Dieterich

Hessisch für Anfänger

mit Illustrationen von Martin Glomm

SOCIETÄTS VERLAG

Satz: Nicole Ehrlich, Societäts-Verlag
Umschlaggestaltung: Nicole Ehrlich, Societäts-Verlag
Covermotiv: © Martin Glomm
Druck und Verarbeitung: CPI – Ebner & Spiegel, Ulm
Printed in Germany 2014

ISBN 978-3-95542-081-9

Inhaltsverzeichnis

Einleitung

Kall!!!

*mei Drobbe!!!**

„Jede Provinz liebt ihren Dialekt: denn er ist doch eigentlich das Element, in welchem die Seele ihren Atem schöpft."
Goethe, aus „Dichtung und Wahrheit"

„Auf Hessisch wirkt das ein bisschen charmanter."
Robert Treutel als Bodo Bach über seine Telefonstreiche, Interview in der FAZ vom 23. März 2003

„Des Hessisch gibt's gar net."
Ein besorgter Leser zu den ersten „Hessisch für Anfänger"-Glossen in der Frankfurter Neuen Presse

* „Kall, mei Drobbe!"
Liesel Christs legendärer Ausruf als Mama Hesselbach

Erbarme ...

Bevor Anfang der 80er Jahre die Rodgau Monotones die Republik mit dem Ruf „Erbarme, zu spät, die Hesse komme“ aufschreckten, hatten Babba und Mamma Hesselbach (Wolf Schmidt und Liesel Christ) bereits ein breites Fernsehpublikum mit dem hessischen Idiom bekannt gemacht. Wie andere Mundarten ist das Hessische von großen regionalen Unterschieden geprägt, und selbst im Rhein-Main-Gebiet variieren Aussprache und Wortschatz. Wenn man sich im „Blauen Bock“ mit Heinz Schenk zum Äbbelwoi ruhig niederließ, tat und tut man das in Frankfurt beim Ebbelwei oder Ebbler. Und die eingangs erwähnte Kultband reimt ganz volksnah: „Un de hib un de hob un de Schobbe in de Kobb“.

Der Vielfalt des Hessischen haben sich auch die Sprachforscher angenommen und in Form von Sprachatlanten dokumentiert, deren vierter und letzter Band 2010 von Heinrich J. Dingeldein herausgegeben wurde. Wir wollen uns der hessischen Mundart jedoch nicht allzu wissenschaftlich annähern, sondern aus der Sicht eines Eingeplackten, wie die Vollblut-„Berjer“ ihre zugezogenen Mitbürger liebevoll nennen. Nehmen wir die Worte des Mundartdichters Kurt Bambach aus seinem „Bichelsche“ „Warum denn net?“ als Leitgedanken: „Warum soll mer denn net so babbele, wie aan de Schnawwel gewachse is?“ „Rischtisch“.

… die Gallier komme

Der Ausspruch „Die habbe en Dubbe, die Hesse“ (die spinnen, die Hessen) entstammt keinem mundartlichen Frühwerk von Goethe. Er ist auch nicht Dragoslav Stepanovic zuzuschreiben, zumindest nicht nachweislich. Was in französischer Sprache seinen Anfang nahm, seinen Siegeszug in vielen Ländern antrat, erfuhr schließlich im Dialekt eine völlig neue sprachliche Ausdrucksmöglichkeit. Asterix babbelt hessisch, und das schon in neun Mundartausgaben des beliebten Comics. Besonders die Formen des menschlichen Miteinanders schöpfen aus der reichen Vielfalt des Dialekts. Da beschimpfen sich die Gallier gegenseitig als „Erbsezähler“, „Lumbeseckel“, „Stinkstibbel“ oder als „ald Knodderdibbe“. Letzteres (auch unter der Bezeichnung „Knodderbix“ gebräuchlich) bezeichnet kein lärmendes Haushaltsgerät sondern eine mürrische Person. Die „Dreggwätz“ (Einzahl „Dreggwatz“) beziehen sich auf das sich im Dreck suhlende Borstenvieh (Watz oder Wutz). Und dann ist ständig von den „Babbsäck“ die Rede: „E klaa Kaff hört net uff, sich mit dene Babbsäck zu bummbe.“ Die „Babbsäck“ sind wie die „Dreggwätz“ schmutzige Zeitgenossen („babbisch“ = schmierig), die es gleichsam herausfordern, dass „mer se bummbe duhd“. „Bummbe“ tut man, wenn der Reifen aufgepumpt werden muss, wenn Fußball gespielt wird oder wenn jemand verhauen wird. Bekanntermaßen die bedauernswerten Römer.

Hessisch von Süd nach Nord

Die südhessische Mundart, die man südlich des Ballungsraums Rhein-Main spricht, ist über die Landesgrenze hinweg mit dem Pfälzischen und dem Rheinhessischen verbunden. Diese übergreifende Mundartregion bezeichnet man auch als Rheinfränkisch. Beginnen wir mit einem Mundartbeispiel aus dem Odenwald. Von einem, der recht arrogant daherkommt, heißt es:

Wonn oaner lääft wie wonn er en Schdegge verschluggd hodd.
(Aus Ulrich Herrmann, „Des unn sell")

Der folgende Ratschlag stammt aus dem Rheingau und ist somit auch rheinfränkischer Natur:

Wann des Lewe aach kaa Zuckerschlecke is, dann derf mer doch nit alsfort de Kopp hänge losse.
(Aus Hedwig Witte, „Hessisch, wie es nicht im Wörterbuch steht")

In den Medien prägt eine Art Neuhessisch das Bild eines scheinbar hessenweit einheitlichen Dialekts. Der Sprachwissenschaftler und Mundartforscher Heinrich Dingeldein spricht auch von „RMV-Hessisch", weil es sich als mundartliche Umgangssprache im Einzugsbereich des Rhein-Main-Verkehrsverbunds etabliert hat und weiter ausbreitet. Heinz Schenk wurde in einem Zeitungsinterview sogar noch deutlicher und meinte zu seinem Hessisch: „Ein Pidgin-Hessisch. Man kann es von Hamburg bis München verstehen. Ich wollte, dass alle Leute kapieren, was ich sage (FAZ vom 11.12.2004)." Die Rhein-Main-Region von Hanau über Frankfurt, Offenbach bis Wiesbaden ist eine Übergangszone zwischen dem Süden und den Mundarten Mittelhessens, wobei die sprachlichen Eigenheiten des Südhessischen überwiegen. Aber selbst im Ballungsraum lassen Städte und Landstriche noch viele Eigentümlichkeiten ihrer Mundart erkennen. Der folgende Witz auf Frankfurterisch verlöre auf Hochdeutsch deutlich an Charme:

Könnt ich emal Ihne Ihrn Mann spreche? – Ei, is der ewe net mit Ihne im Uffzuch eruffgefahrn? – Ich hab kaan gesehe im Uffzuch! – Er is ziemlich klaa un redd net viel …

(Aus Fritz Ullrich, „Handbuch für Sprichklobber")

Nördlich von Frankfurt, im Taunus, in der Wetterau und im Vogelsberg beginnt das Gebiet der mittelhessischen Mundart, wozu auch Limburg-Weilburg, die Gegend um Gießen, das hessische Hinterland und das Marburger Land zählen. Nicht nur die Landschaften ändern sich, auch die Dialekte klingen vernehmbar anders. Typisch sind das gerollte „R" wie bei der Wetterauer „Runkelroiwe" oder Formen wie „Brourer" statt „Brudä".

Weitere Sprachbeispiele:

„Eich sei" = ich bin

„Eich hun" = ich habe

„Do stieht mein Brourer" = Da steht mein Bruder.

„De harr em e goure Roat gesaat" = Der gab ihm einen guten Rat.

„Wos woasch do so schieh" = Wie schön war's dort (Marburger Gegend).

„Huste schu gehott?“ = Hast du schon gehört? (Hinterländer Platt)

Im Raum um die Bischofsstadt Fulda und von Hünfeld bis Hersfeld im Norden spricht man osthessisch. Auffällig ist „bos“/„bas“ für „was“:
„Bos leid dänn doo?“ = Was liegt denn da?

Nördlich und nordwestlich erstreckt sich im Geviert der Städte Alsfeld – Frankenberg – Eschwege – Kassel die Region des Niederhessischen. Als Mundartprobe dienen uns die Zeilen eines Kasseläners, der auf die sprachliche Eigenständigkeit seiner Heimat pocht:

Zu lange hom' mäh uns bescheiden vergrorren,
midden Gnibbärschen alszus bloß Hohrdeutsch geschbrorren.
For mich äß um' bliewed diß einzig Wohre
Unse waschechte Kasseler Fullebriggenschbrohre!
(Aus „Lache is gesund!“)

Außerhalb des Bereichs der hessischen Mundarten liegt der äußerste Norden Hessens von Korbach bis Hofgeismar, der bereits zum niederdeutschen Sprachraum gehört.

Sprachgrenzen in Hessen

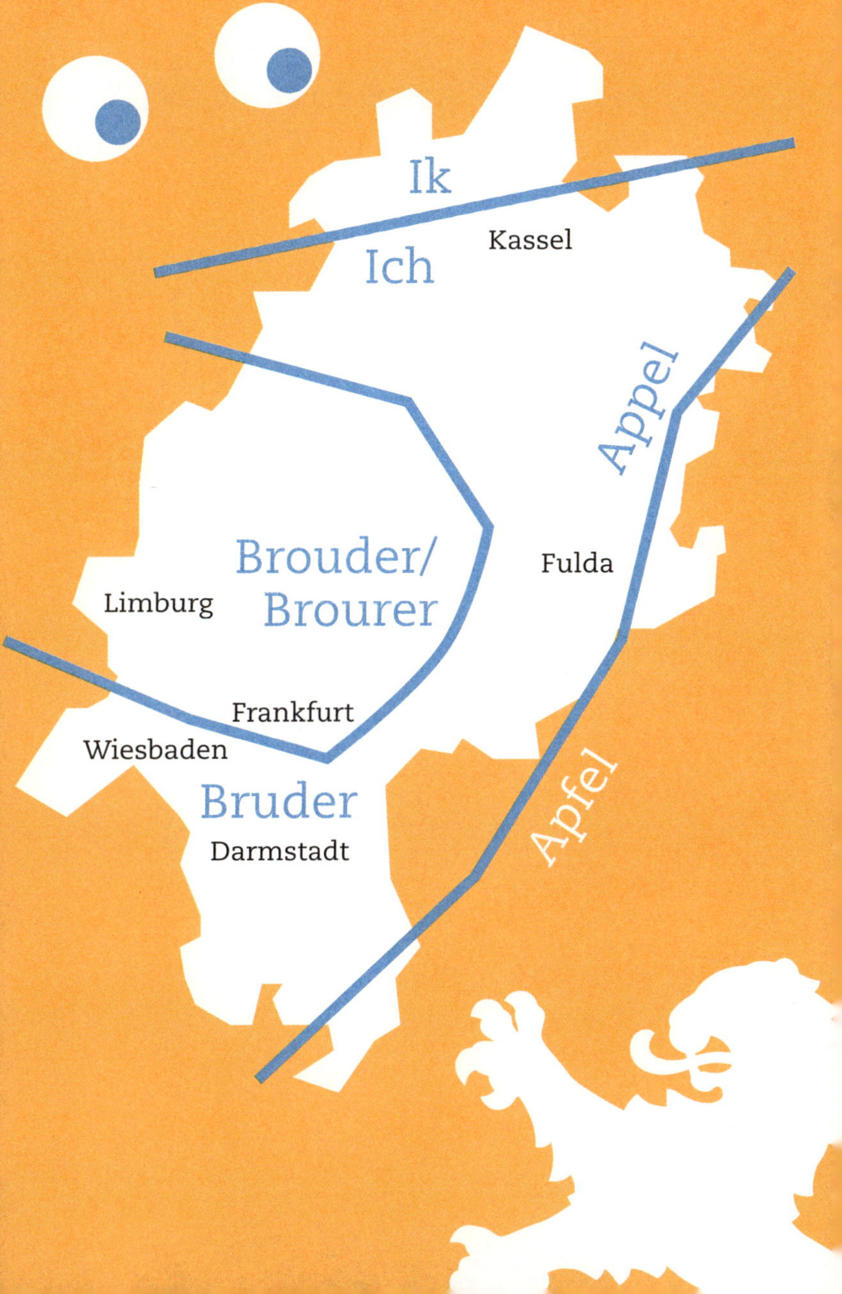

Kapitel 1

Vom Babbeln und anderen Sprachfertigkeiten

Dregg-
watz
Bapp-
Säck!!!
Ach, fraach
mich net!
guuude
guuude
guuuuude
gu(u)de
guuuuude
gu(u)de
gu(u)de

Mundwerk

Die Mundart stellt, wie das Wort bereits andeutet, ganz pragmatisch den Mund als Werkzeug des Sprechens in den Mittelpunkt. Im Dialekt geht es beim Reden meist bildhafter und bodenständiger zu als im Hochdeutschen. Nicht von ungefähr verweisen in Hans Friebertshäusers „Kleinem hessischen Wörterbuch“ die Einträge „reden“ und „sprechen“ gleich auf „schwatzen, schwätzen“, was im Rhein-Main-Gebiet dem Babbeln entspricht. Das Wort „babbeln“, hinter dem sich das französische „babiller“ (schwatzen, plappern) versteckt, ist Grundstock für eine Reihe von Bezeichnungen für jemanden, der viel und Unwichtiges redet: „Babbeldasch“, „Babbelmaul“, „Babbelschnut“, „Babbelfritz“ und „Babbelhannes“, „Babbellies“ und „Babbelsuse“ oder der unvermeidliche „Babbelarsch“. Gern nennt man den anderen auch einen „Schleechtbabbler“ oder „Schleechtschwätzer“, wobei „schlecht“ mit langem e „dumm, töricht“ bedeutet.

Mund und Mundwerk stehen stellvertretend für Charakter und Eigenart eines Menschen. „Die hat awwer e Mundwerk“ kann bewundernd gemeint sein, „e bees Mundwerk“ nicht mehr.

Ein Mundstück lässt uns eher an Musik denken, meint aber im Folgenden die böse Zunge. Die Nachbarin ist ja „e ganz gut Fraa, hot awwer e bitterbees Mundstick“. Friedrich Stoltze bezeichnet schwatzhafte Personen bissig als „gewisse zwääbäänige Mundsticker“. Bezüglich der Größe des Mundwerks bemühte man in Frankfurt einst das beliebte Fußbänkchen („Schawellche“). Das Wort „Schawelleschnut“ ist rar geworden, die Großmäuligkeit gedeiht prächtig.

Geschwätz

Wollen wir der Mundart noch einmal aufs sprichwörtliche Maul schauen, bietet das Frankfurter Wörterbuch genügend Beispiele. Am reichhaltigsten sind die Fälle, in denen sich der Sprecher dumm und ungeschickt anstellt oder überheblich ist. In mannigfacher Weise greift der Dialektmund den Stuss auf, was dem Jiddischen entlehnt ist und von hebräisch „stut" („Torheit", „Narrheit") stammt. Schmus und Schmonzes („Gerede" respektive „Geschwätz") sind übrigens auch jiddischen Ursprungs.

Ein beliebtes Schimpfwort für einen missliebigen oder miserablen Sprecher ist das „Schlappmaul", bei dem – um im Bild zu bleiben – vor lauter Geschwätzigkeit und vorlautem Gerede bereits die Unterlippe schlapp gemacht hat und lasch herunterhängt. Der Ärger ist vorprogrammiert, so ein Beleg aus besagtem Wörterbuch: „Hästde dei Schlappmaul net eneigehenkt, wär deß nit bassiert."

Auch die „Bambelschnut" vermittelt das eindringliche Bild des vom vielen Babbeln ausgeleierten Mundes (bambeln = herunterhängen). Ausgefallene Wörter sind die „Protokollschnut" (Besserwisser) und die „Quatschdruse" (Schwätzerin), tierisch die „Affeschnut", der „Schnabeler" oder „Schnabelschnell" (Vielschwätzer) und als Aufforderung zum Mundhalten die „Dibbeschnut" („Halt dei schlecht Dibbeschnut!").

Mit einem Häppchen Sprachlyrik schließen wir den Kreis von A wie „Affemaul" bis Z wie „Zuckerschnut". Das frankfurterische „Schnedderedett" für einen schwatzhaften Menschen ahmt das Storchgeklapper nach und bietet zugleich eine verspielte, französisch anmutende Variante an: „Schnedderedeng".

Schreien

Die nächtliche Ruhe fordert manche, meist jugendliche Zeitgenossen, geradezu heraus, sich auf mittlere Distanz schreiend zu verständigen oder die städtische Häuserzeile auf Echotauglichkeit zu testen. Unsicher, ob man im Dialekt neben dem „Maulaff" auch vom „Brüllaff" redet, liegen einem doch die gängigen Verwünschungen mit Tiervergleichen auf der Zunge. Manchmal klingt es aber nur wie ein Schimpfwort. „Brüllochs" zum Beispiel, so lesen wir im „Kleinen hessischen Wörterbuch" ist in Süd- und Mittelhessen ein Zuchtstier und fällt somit als Beschimpfung aus.

Die Mundart begnügt sich nicht mit einem einfachen Geschrei, sondern greift sprachlich zur schrilleren Stufe, wenn „schee gekrische" wird. Frankfurter können gemäß den Redensarten je nach Bedarf wie „e Dachmerder (Dachmarder)", „e Leeb (Löwe)" oder „e Neuntöter" kreischen – wie am Spieß sowieso. Wer „so e Gekrisch" macht, heißt „Krischer", wie man ein kleines schreiendes oder heulendes Kind bezeichnet. Erwachsene Schreihälse heißen auch „Großkrischer", was nicht nur die Lautstärke sondern auch großmäuliges Gehabe meint.

Früher konnte jemand „ausgekrische", in einen üblen Ruf gebracht werden. Heute kann einem das in der vernetzten Welt passieren und heißt dann „Shit Storm". Gut, dass Schreien auch etwas Befreiendes hat: „Mit jedem Krisch geht en Brast (Kummer) vom Herze", bestätigt das Frankfurter Wörterbuch.

Wererra

Das Eisenwarengeschäft in der Frankfurter Innenstadt hatte sich für den Neu-Frankfurter stets als gute Adresse für die üblichen Heimwerkerutensilien erwiesen. Doch an diesem Tag Mitte der 80er Jahre gab es eine sprachliche Zugabe. Die Art, wie der nette und kompetente Verkäufer das „R“ rollte, klang so ganz anders als das sonst zu hörende Frankfurterisch, eher amerikanisch. Ob es damals um einen Rriegel oder das rrichtige Rreindrehen der Schrrauben ging, weiß ich nicht mehr. Aber dass ein Stückchen Amerika, zumindest was den R-Laut angeht, auch in den Mundarten der Wetterau schlummert, prägte sich ein.
Zum geflügelten Wort, das diese sprachliche Eigenheit beschreibt, wurde die „Runkelroiweroppmaschin“, das monströse Rübenvollerntegerät. Mit dem gleichnamigen Lied von „Adam und die Micky's“ zog die Runkelrüben-Rausreißmaschine gar in die Populärmusik ein:

Die Runkelroiwerobbmaschin die robbt die Roiwe raus.
Un wenn se all gerobbt sin, isses Roiwerobbe aus.

Auch das „d“ in Bruder oder das „t“ in Wetter gleicht im Mittelhessischen einem Zungenspitzen-R, also „Brourer“, „Werrer“. Da dürfte selbst Elvis Presley nah am Dialekt gewesen sein, wenn es darum ging, den Ort seiner Wehrdienstzeit zu beschreiben: „Friedberg in the Werrerra“.

Kapitel 2

Von Grammatik und anderen Eigenwilligkeiten

Meim Nachbaä
soi Audo ...

Dem aone
soin Doad ...

Komm b

Meins, deins, dem seins!
Der, die, das ... oder was?
... is dem annern soi Broud!
ei mich!

Der, die, das – oder was?

In der Sprache von Heinz Becker, der Figur des saarländischen Kabarettisten Gerd Dudenhöffer, wird der weibliche Vorname zum Neutrum. Die Hannelore heißt dann „es Hannelore“, was keine Respektlosigkeit ist sondern eine mundartliche Eigenart. Auch in den hessischen Dialekten haben einige Wörter ein anderes Geschlecht als im Hochdeutschen und sind in der Umgangssprache erhalten geblieben.

Vor allem in Südhessen hört man „es Ord“ (der Ort) und „es Bleischdifd“ (der Bleistift). Auch für Beispiele aus der Wetterau gilt sächlich: „des Egg“ (die Ecke), „des Gloeds“ statt „der Klotz“ und „des Schirds“ (die Schürze). Die Schürze bevorzugt im Südhessischen das männliche Geschlecht, „de Schärds“. „Di Bach“ (der Bach) ist in den meisten hessischen Dialekten weiblich, ebenso „di Hoo“ (das Huhn) im Osthessischen.

Die Menge von Begriffen, die „Das hessische Dialektbuch“ von Hans Friebertshäuser für die männlichen Abweichungen verzeichnet, deutet ein Übergewicht des Maskulinen an. In der Wetterau sind das Album und der einzelne Buchstabe männlich („de Album“, „de A“). Um Fritzlar heißt es „de Brell“ (die Brille) und „de Noss“ (die Nuss). In Fuldaer Mundart ordnet man Jacke und Socken sprachlich den Herren zu: „de Jagge“, „de Sogge“. Und wenn „de Schogglaad“ dem Zahn zusetzt, tut einem „de Bagge“ weh.

Meins, deins, dem seins

Wie redet der Hesse vom Auto seines Nachbarn? „Meim Nachbaä soi Audo“. Wir hören schon den Sprachkritiker Bastian Sick wettern: „Der Dativ ist dem Genitiv sein Tod.“ Wir antworten mit der Redensart: „Dem aone soin Doad is dem annern soi Broud“. Des einen Tod ist des andern Brot. Auch das Bayerische, Fränkische oder Sächsische kennen keinen zweiten Fall, dafür gibt es kreative Dativ-Konstruktionen, die im Hessischen ihren ganz eigenen sprachlichen Charakter entfalten.

Praktisch ist die Aneinanderreihung von dem Dativ: „Meim Babba soi Schwester ihr Kind“. Um welches Verwandtschaftsverhältnis geht es, wenn das „dem Babba soi Bub“ sagt? Auch die Besitzverhältnisse regeln die Hessen mit dem Dativ: „Des is mir!“ „Des missd dem Kall soins soi.“

Ein vergleichender Test zum Dativgebrauch in anderen Dialekten bringt manchmal ein unerwartetes Ergebnis. Die aus dem Schwäbischen stammende Kollegin beantwortete die Frage, wie denn „das Haus meines Vaters“ in ihrer Mundart lautete, prompt mit „dehoim“.

Meim Nachbaä soi Audo...

Präpo, Akku was?

Wäre die Eintracht in Gelsenkirchen beheimatet, würden die Fans sagen: „Wir gehen auf Eintracht". Der Frankfurter geht zwar zur Eintracht, aber auch in den hessischen Mundarten entwickelt das Verhältniswort, das häufig eine Orts- oder Zeitangabe einleitet, seine Eigenheiten. „Komm bei mich, Baby", eigentlich der Songtitel einer Kölner Band, ginge auch als hessisches Dialektbeispiel durch. Fordert eine hessische Mutter ihr Kind auf, zur Oma zu gehen, heißt es mundartlich: „Geh bei die Oma." Oder eben: „Komm bei mich." Was sich wie ein grammatikalisches Minenfeld anhört, ist die konsequente Verschiebung von „zu" nach „bei" und vom Dativ („bei mir") zum Akkusativ. Mundartsprecher bestätigen aber, dass in Hessen inzwischen die bei-Front bröckelt und sich „zum" immer stärker durchsetzt.

Weniger gewöhnungsbedürftig klingt „auf die Musik gehen". Zu Missverständnissen kann ein vermeintliches „über" führen. Denn wenn die Gisela „iwwer de Heiner" was sagt, sagt sie normalerweise etwas zu ihm und redet nicht über ihn. Im Mittelhessischen heißt es „üwwa ehm" oder „wirra ehm" (wider, zu). Die Präpositionen „für" und „vor" fallen in der Mundart lautlich zusammen (ich tue alles „fer dich", ich stehe „fer dir"). Und „für" tritt häufig an die Stelle von „auf": „Kaaner hat fer ebbes Lust."

Dialekte verwenden Verhältniswörter oft anders, aber deswegen nicht unsystematisch. Ob der Bayer „auf Minga (München)" fährt oder der Frankfurter Bub „bei de Oba" geht, es klingt allemal besser als die Magerversion „Ich geh Aldi".

Alsfort

Wie man weiß, verwendet man umgangssprachlich bei Vergleichen lieber das „wie“ als das „als“. Das ist in den hessischen Mundarten nicht anders. Oder man benutzt beides, und das geht besser, „als wie“ man denkt. Bereits Goethe ließ seinen Faust sagen: „Da steh ich nun, ich armer Tor! Und bin so klug als wie zuvor.“ Doch dies entsprach der Sprache seiner Zeit und passte ins Versmaß. Im Neuhessischen ist der Hannes „klaaner wie“ der Peter, und „mei Schnuggelsche (lieber Schatz) is scheener wie deins“. Dafür nutzt der Hesse „als“ in anderer Bedeutung und Verbindung, zum Beispiel wenn der Kranke jammert, dass es ihm „als schlechter“ (immer schlechter) gehe. Wird die Gattin vor dem Theaterbesuch nicht fertig wird, meint der ungeduldige Ehemann: „Ich geh als vor“ (ich geh schon mal voraus). Bei nächster Gelegenheit revanchiert sich die Ehefrau: „Du könnst mer als de Kadoffel schäle.“

„Alsemol“ bedeutet „manchmal, ab und zu“: „Wann isch alsemol nor die Weiwer verstäih kennt, wär mer geholwe", klagt jemand im Internet-Forum. Passiert etwas häufig oder andauernd, dann heißt es „alsfort“ (immerzu, ständig) wie bei dem Schoppepetzer, dem das Stöffche so gut schmeckt, dass er „alsfort weitertrinke könnt“. Das nette Wörtchen „alleweil“ oder „alldiweil“ (jetzt, soeben, endlich) bildet einen netten Abschluss: „Alleweil hammers geschafft.“

Klein

Bei „Schermche" und „Ärmche" denkt man wahrscheinlich an die bekannten Zeilen „Uff'm Termche sitzt ä Wermche, hat ä Schermche unnerm Ärmche ..." Ärmchen samt Schirm kommen auch in dem Gedicht „Tänzerin" von Kurt Sigel vor, dazu einige andere liebevolle Verkleinerungen:

Mei Bienche
des Balledinche
des nedde
dreht Piruedde
da hippt se
un schtrippt se
middem Schermche
uffem Ärmche
e Reckche
wie e Gleckche (...).

Doch in der nächsten Strophe ändert sich die Stimmung, wenn ernüchternd von „Krott" und „Mott" die Rede ist; Schluss mit niedlich.

Aus einer „Druschel" („Droschel", was von Drossel kommt), einer dicken, behäbigen und schmutzigen Person wird durch ein angehängtes „che" das „Druschelche", der Kosename für ein hübsches Mädchen. Die „Schawell" (Schemel, Fußbank von lateinisch: scabellum) wird auch im Pfälzischen und anderen Mundarten benutzt, doch das frankfurterische „Schawellche" erinnert an Häuslichkeit und Gemütlichkeit. Und wo die Bezeichnung Belvedere, also der

Gebäudeteil, der eine besonders schöne Aussicht gewährt, zu sehr an ein Schloss erinnert, macht sie ein „che" zur kleinen Dachterrasse oben „uff em Häusje druff".

Auch der „Kreppel" („Krebbel") lässt sich als kleine Ausgabe des Schmalzgebäcks deuten, wenn man ihn von „Kräpfel" (kleiner Krapfen) herleitet, was allerdings bei übermäßigem Genuss unerheblich ist, wie die Redensart „uffgehe wie en Kreppel" klarstellt. Man könnte es mit der Neuschöpfung „Kreppelche" versuchen, aber dann gibt's wohl „Kneppelche".

Kleiner

Dass sich mit der Verkleinerung sprachlich wunderbar spielen lässt, bewies schon Friedrich Stoltze. In seinem Gedicht „Modeliedchen“ von 1865 macht er sich über die Damenmode seiner Zeit lustig:

Was trage uff de Köppercher
Jetz unser Modeböppercher
For Dippercher
Mit Schlippercher
Un wunzig klääne Schippercher!

Die hiesige Vorliebe für die Verkleinerung ist auch den Bayern nicht entgangen, wie Willy Astor demonstriert. Mit „Hammamäßisch hessisch“ (so der Liedtitel) versucht er sich an einer bayerisch-neuhessischen Variante:

Isch fahr mit meim Autosche dursch die Waschanlasch.
Habs Verdecksche offe ghabt, jetzt en Hautausschlasch.

Weitere Kostproben sind „Fahrrädsche“, „Krawättsche“ und „Kanönsche“, und manchmal klappt es nicht ganz („Kännle Milsch“).

Hier hätte man sich das „Stöffche“ und das „Bembelsche“ gewünscht oder ein „Schnitzelsche“ mit „Bratkadöffelscher“, wenn man schon „Witzjer“ macht. Da die Mundart auch in Sachen Verkleinerung genug Sprachkulinarisches bereithält, machen wir „e bissi“ weiter.

Noch kleiner

Kennen Sie jemanden, der „Haarspängelsche“ benutzt? Mag auch die gebogene Klammer zum Fixieren der Haare aus der Mode gekommen sein, Verkleinerungsformen wie das „Spängelsche“ sind in den hessischen Mundarten nach wie vor beliebt. Dabei begnügt man sich gerade im Rhein-Main-Raum nicht mit „Spängsche“, sondern macht es noch eine Nummer kleiner: „Spängelsche“ („Spängleinchen“).

Beim „Schdiggelsche“, dem süßen Stückchen, setzt man gleichsam sprachliche Tricks zur Kalorienreduzierung ein. Ein paar „Blümmelscher“ zum Geburtstag dürften dagegen ein ordentlicher Blumenstrauß sein. Das „Häusje“ mit „Gärtje“ klingt sympathischer als das Einfamilienhaus mit Garten. Im Frankfurter Raum hört man auch „Häusi“, Mädi“ und „Schädsi“. In der Mehrzahl lautet das „Häusersche“, „Mädersche“, „Rädersche“ und „Hütersche“.

In Stoltzes bereits zitiertem „Modeliedchen“ kommen neben den Hütchen, die den Dichter an „Dippercher mit Schlippercher“ (Töpfchen mit Schleifchen) erinnern, auch die Frisuren ihr Fett weg. Mannigfache Verkleinerungsformen setzt Friedrich Stoltze ein, um sich über die Damenmode seiner Zeit lustig zu machen:

Verneffte Nestgewackelcher,
mit Zickelcher und Zackelcher
Mit Rischercher
Un Bischercher
Un Bibi-Fledderwischercher!

Selbst für einen echten Frankfurter dürfte die Beschreibung des wackelnden Haargebildes mit Zacken und Rüschen gewöhnungsbedürftig sein, das Lautmalerische entfaltet aber seinen eigenen Reiz.

Ab und zu

Wer heutzutage dem Volk aufs Maul schauen möchte, muss das nicht notwendigerweise „uff de Gass“ tun, sondern findet die Marktplätze der Neuigkeiten in unzähligen Internetforen. Mitunter stößt man auf ernsthafte Bemühungen, die Mundart auch im modernen Medium als gleichwertes sprachliches Mittel zu verwenden. Anders als in Mundartwörterbüchern erfährt man, ob bestimmte Eigenheiten oder Wörter des Dialekts noch aktuell sind oder ob der Bart ab ist.

Apropos „ab“: Ein Fan des FC Kaiserslautern relativiert die Handverletzung eines Spielers mit den tröstenden Worten, dass „mit ämm abbene Kopp“ aus dem Kopfballtor nichts geworden wäre. Das schräge Kabarettduo Spitz & Stumpf begeistert in seiner Pfälzer Heimat das Publikum mit den Songs „Duddesupp“ oder „Abbene Knopp“. Nicht nur Pfälzer und Saarländer verwenden Wörtchen wie „ab“ als Eigenschaftswörter. Auch die Hessen im Rhein-Main-Gebiet haben nach dem Friseurbesuch „abbene Haar“ und lieben „dorschene Handkäs“. Die Hobbyfotografin freut sich, endlich einen Segelfalter ohne „abbene Spitze“ erwischt zu haben.

Ob der Frankfurter wie einst für die „annene Ladern“ Entsprechendes für die Lampe, das Fernsehgerät oder den PC sagt, bleibt unklar. Und wie steht's mit dem „zuen“ Fenster? Ich jedenfalls durfte früher nur mit „zuene Schüh“ (geschlossenes Schuhwerk) vor die Haustür, aber das war im Fränkischen. Doch die Sonderformen von „ab“ und „zu“ haben ihre geographischen Grenzen, wie Herbert Bonewitz, Kabarettist und Urgestein der „Määnzer Fasnacht“, in der lokalen Presse betont: In Kiel lacht keiner über einen „abbenen Knopp“.

Egal

„Das ist Katz wie Minz“ gehörte zu den Lieblingssprüchen einer meiner Tanten. Damit wollte sie betonen, dass es gleich war, ob man etwas so oder anders erledigte. Mit „Minz“ meinte sie „Mieze“, den umgangssprachlichen Kosenamen für eine Katze. Im hessischen Sprachgebrauch fiel mir der Katzenvergleich noch nicht auf. Leben „wie Hund unn Katz“ (in Zank und Streit) ist zwar auch eine aufschlussreiche Redewendung, lässt aber offen, ob es den Betroffenen egal ist, wie es mit der Beziehung weitergeht.

Spielt Letzteres keine Rolle, heißt es unabhängig vom Dialekt: „Es ist wurst“. So eingebürgert ist der Spruch, dass man sich kaum fragt, wie die Wurst mit dem Egalsein zusammenhängt. Das Wörterbuch führt es auf studentische Redensarten und Sprüche zurück, wie zum Beispiel „alles hat ein Ende, nur die Wurst hat zwei“. Und bei der Wurst ist es einerlei, in welchen Wurstzipfel man zuerst hineinbeißt. In der Mundart umschreibt man wurstegal mit „des is Worscht wie Schwartemaache“ oder „des kemmd doch unner die Worscht“.

Bei völliger Gleichgültigkeit bemüht der Frankfurter sogar drei bedeutungsgleiche Begriffe: „schnuppeworschtegal“. Mit geradezu trotziger Wurstigkeit wurstelt man auch fremdes Wortgut unter. „Schnuppe“ kam im 19. Jahrhundert in Berlin auf, heute ist es jedem geläufig. Wahrscheinlich bezog sich der Vergleich darauf, dass etwas so wertlos wie die abgebrannte Kerzenschnuppe (Kerzendocht) ist. Dabei sind Preußen und Frankfurter alles andere als „gehibbt wie gesprunge“, doch zum Hüpfvergleich mehr auf Seite 60.

Kapitel 3

Vom guten Ton und anderen Nettigkeiten

Ei guggemol
do, der
Schorsch!
Ei Gude,
unn wie?
Ei
gugg
horch
saach
emol

Gutes Ei

Gibt es in den hessischen Mundarten ein Wort, das sich derart wandlungsfähig am Satzanfang einsetzen lässt, so ist es das „Ei“. Zumindest gilt das für das Rhein-Main-Gebiet. Interjektionen oder Empfindungswörter nennt man in der Sprachwissenschaft solche Begriffe; so etwas gibt es auch im Hochdeutschen: „Hei, du“, „Hä?“ „Echt?“, „Gell“.

„Ei“ unterstreicht das Erstaunen („Ei, gugg/horch/saach emol“) oder bekräftigt die Zustimmung („Ei, des hawwe se rischdich gedaa.“). Abhängig von Tonfall und Intensität kann es Anteilnahme („Ei, da hawwe se sich was uffhalse losse“), Aufmunterung („Ei, nor net de Kobb henke losse“), aber auch Ungeduld („Ei, mach hinne“) und Verärgerung („Ei, du dumm Hinkel“) ausdrücken.

Sehr wirkungsvoll ist das „Ei“ in seiner Vervielfachung „Eijeijei“, unterstützt durch ein“Ui“ oder „Uijuijui“. Das folgende Beispiel einer Befragung vor Gericht gibt es in verschiedenen Abwandlungen. Die Rheingauer Mundartautorin Hedwig Witte erzählt diese „Ei“-Variante: Was der Angeklagte denn gedacht habe, als er sein Opfer mit dem Stuhlbein traktiert hatte? „Ei, Uijuijui haww ich gedenkt, Herr Staatsanwalt.“

Gude

Grüßt man sich in Hessen anders? Wenn dem in den 80ern aus dem südöstlichsten Bundesland Zugereisten in trauter Gewohnheit ein „Grüß Gott“ entfuhr, war die hessische (Frankfurter) Antwort ein eindeutiges „Guten Tag!", ein schroffes „Tach“ oder das etwas freundlichere „Daach“. Am einfachsten war der morgendliche Gruß. Die Brücke vom „Guten Morgen“ zum „Gude Morje“ oder „Morsche“ ließ sich einfacher schlagen.

Der Gruß „Ei, gude, wie?“ kommt für Hessen-Neulinge überraschend, klingt aber aufmunternd, selbst wenn mit „gude“ nicht die angesprochene Person sondern die Kurzform von „Guten Tag“ gemeint ist. Das lautmalerische „ei“ erinnert an unbeschwerte Kleinkindertage. Auch die Stadt Frankfurt möchte mit ihrem Willkommensbuch die Neu-Frankfurter freundlich aufnehmen, weshalb sie es gottlob „Ei Gude“ und nicht „Welcome to Frankfurt“ genannt hat.

Heutzutage ist „Ei, gude“ zwar zum Schlagwort geworden, durch Liedtexte und Mundartbücher über Hessen hinaus verbreitet, ja vermarktet, aber doch typisch hessisch geblieben. Mundartliche Gruß- und Abschiedsfloskeln bekräftigen Vertrautheit und Verbundenheit.

Ein Gespräch zweier Frankfurter zu einer beliebigen Tageszeit mag das verdeutlichen:

„Ei, guggemol do, de Schorsch“ – „Ei, gude, unn wie?“ – „Unn selwer?“ – „Ach, fraach mich net.“ (Klingt bedenklich.) – „Ja wie dann so?“ – „Mä hadd hald soin Schaff“ (Erklärt nichts, aber macht's auch nicht schlimmer.) – „Na werd scho werrn.“ (Hilft nicht, aber zeigt Anteilnahme.) – „Allerdann. Isch mach misch forrd.“ (Für heute war's das.) – „Na dann. Sauwerbleibe.“ (Man kennt sich halt.)

Tierisch

Wenn unser Lateinlehrer seinen Unmut über die mangelhaften Kenntnisse seiner Schüler kundtun wollte, dann hagelte es Schimpfwörter und Kopfnüsse, obwohl beides der Pädagogik der 60er Jahre fremd sein sollte. Die Beschimpfungen reduzierten den Angesprochenen auf die altbekannten Geschöpfe der Tierwelt: Affe, Rindvieh, Hornochse, Nachteule. Dem harmloseren „Kamel" flog die Kreide hinterher.

Auch in den Mundarten liefern Schimpfwörter den Pfeffer der Kommunikation, und tierische Vergleiche stehen hoch im Kurs. Das Hessische kennt natürlich den „Aff", den „bleed Aff", den „Laggaff", den „Brüllaff" und den „Maulaff". Ein „Drallaff" zeigt ein überdrehtes, närrisches Wesen, zuviel Drall eben. Der „Deigaff" oder „Deichaff" hat wohl nichts mit dem verdutzten Hessen an der Nordsee zu tun, sondern bezeichnet einen angeberischen Typ oder macht sich über das Bäckerhandwerk lustig. Der „Spiechelaff" schätzt sein adrettes Konterfei, der „Wissegiggel" eifert Casanova nach. Ungemütlich kann es mit dem aufbrausenden Temperament des „Hitzgiggel" werden.

Der „Läuszibbel" (Zibbel = Zipfel) entspricht dem Lausejungen oder Frechdachs, wogegen der „Läuskniggä" durch übertriebene Sparsamkeit auffällt. Zahlreich sind auch die Begriffsvarianten der Familie „Watz" und Wutz", z. B. „Wutzebär", (Kind, das sich dreckig gemacht hat), „Wutzebuub" oder „Dreggwätz". Aber die kennen wir ja bereits von Asterix auf Hessisch.

Olwel

Als Neuling im Hessischen ist man versucht, fremdartige Ausrufe von Einheimischen erst mal gelassen und positiv zu sehen. Gelassenheit ist okay, aber Argwohn ist angebracht, da die Mundart wesentlich mehr Schimpfworte als Schmeicheleien parat hält. „Was e Olwel“ könnte ein Unwissender als niedlich abtun, klänge es nicht verdächtig nach „Eumel“. Beim „Owwerolwel“ kann man den „Blödmann“ nicht mehr überhören, und der „dreikantich Olwel“ müsste Rot auslösen.

Friedrich Stoltze beschreibt den „Olwel“ oder „Olb(s)ch“ als eine facettenreiche Figur, „zusammengesetzt aus Dummheit und Läppischkeit, Arroganz und Täppigkeit“. Was so jemand von sich gibt, ist nur „olwerich Gedribbsch“, also dummes, albernes Geschwätz.

Erstaunlich ist, dass „albern“ bei unseren Ahnen „freundlich“ bedeutete, später seinen gutmütigen Charakter verlor und seitdem Naivität und Dummheit bezeichnet. Im heutigen Sprachgebrauch wird das Schimpfwort auch bemüht, wenn sich jemand belästigt oder auf die Füße getreten fühlt.

Die einfältige Frau heißt folgerichtig „Olweline“. Allerdings verwendet man häufiger „Orschel“, was die Mundartvariante des Vornamens Ursula ist und man gleichlautend als Ortsname für Oberursel kennt. Sie kennen „Rilbs“, „Relwes“, „Flabbes“, „Dabbes“? Dann sind Sie erst mal gewarnt vor Grobianen, Stoffeln und Tollpatschen, doch bleiben Sie wachsam.

Oos

Es passt auf den Autofahrer, der Zebrastreifen für Pflastermalerei hält, den Großverdiener, der den Fiskus narrt oder Niebergalls Datterich (S. 108), der sich vor dem Zurückzahlen seiner Schulden drückt: das „Oos". Dem hochdeutschen „Aas" entspricht es zwar, hat sich aber vom Tierkadaver zu mannigfaltigen Bedeutungen entwickelt. Ein „Oos" ist für Personen und Sachen nahezu universell einsetzbar. Ein „dumm Oos" kann abschätzig, aber auch mitleidig verwendet werden. Zusammensetzungen wie „Gewierreroos", die mittelhessische Variante von „Gewitteroos" bemühen sich um mehr Klarheit, was mit „Blitzkeil-", „Donnerkeil-" oder „Hagelkeiloos" gesteigert werden kann.

Richtig grob wird es in Verbindung mit Krankheiten wie „Stickflussoos", „Schlagflussoos", „Steuweoos" oder in Kombination als „Sticksteuweoos". „Stick-/Schlagfluss" stehen für Herzinfarkt, „Steuwe" („Steipe") meint die Hundekrankheit, aber auch die Züchtigung. Bezieht man sich auf Frauen, verkehrt sich manche Verwünschung zum Positiven. Der Frankfurter bezeichnet mit „Steuwe-Eeser" kecke, junge Frauen. Die Verkleinerungsform „Steuwe-Eesi" ist ein Ausdruck von Zärtlichkeit. Ein „Schinnoos" kann tadelns- oder liebenswert sein; an Abdecker und Kadaver („Schindaas") denkt dabei keiner mehr. Auch das „Neunmaloos" schwankt zwischen Ablehnung und Anerkennung. Herbert Heckmann bemerkte treffend: „Alles kann zum „Oos" werden, besonders dann, wenn etwas widerspenstig und schwierig ist." Und es reicht laut Adolf Stoltze vom „schlichte Oos, bis dief enunner zem Neunmalblitzkeilschlagflußoos."

Batsch

Der Flegel in der Landwirtschaft hat schon so lange ausgedient, dass der Sprachgebrauch kaum mehr die nützliche Gerätschaft des Dreschflegels kennt. Aber ungehobelte, freche Menschen gibt es immer, ob sie nun Bengel oder Flegel heißen. Das Frankfurter Sprichwort „Der Bengel un der Flegel fahrn mit demselwe Segel" aus der Sammlung Friedrich Stoltzes legt nahe, dass sich beide in Sachen Grobheit und Rohheit wenig unterscheiden.

Häufige und heftige Flegeleien stellen viele Erziehungsberechtigte vor große Herausforderungen. Wie kann man das seltsame Jucken und Zucken in der Hand in kraftvolle verbale Argumente umleiten? Zeitgenossen, deren Kindheit weit im letzten Jahrhundert lag, sind mit der „Basta-Variante", der schlagkräftigen autoritären Methode vertraut, welche lautete: „Schluss jetzt, oder es setzt was." Alternativ konnte man sich auch etwas „einfangen".

„So e rechter Siwwesorteflegel", was der Frankfurter Steigerung eines Flegels entspricht, nimmt es in Kauf, „wanner a fengt". Die „Feng", also die Hiebe, gibt es stets in der Mehrzahl, was dann „Batsch" auf „Batsch" geht. Auch „Flappsch" steht für eine Ohrfeige („flappen" = prügeln), ebenso die „Backpeif" und die „Fachott", was weniger den Wohlklang von Musik meint als den schallenden Schlag. Das Frankfurterische „Dachtel" erweitert den Klangraum der Maulschellen mit „e poor Dachtele, dass de de Himmel for e Bassgei aaguckst."

Kapitel 4
Vom Essen, Ebbelwei und anderen Genüssen

Stöffsche hat Zauwerkraft!
guuude
guuude
guuude
guuude
guuuuude
gu(u)de
guuuuude
gu(u)de
Grie Soß
Flaaaasch-worscht
Senf

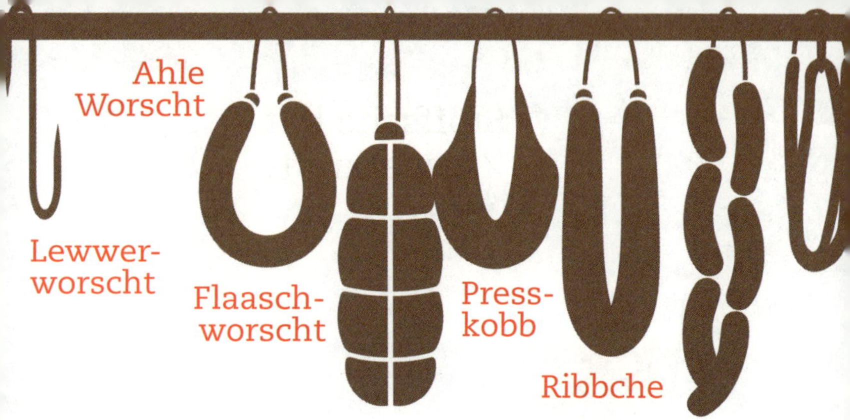

Regionalia

Die regionale Küche in Hessen ist so vielfältig wie das Spektrum der Mundarten. Neben dem oft bemühten kulinarischen Dreigestirn von Handkäs, Grie Soß und Apfelwein gehört dazu auch die „Ahle Worscht". Die nordhessische Spezialität, geräuchert oder luftgetrocknet, ist nicht alt, sondern langsam gereift. Die Frankfurter Würstchen sind allseits bekannt, ebenso wie „Presskobb", „Ribbche", „Lewwerworscht" und „Flaaschworscht". Zum Handkäs' gehört die „Mussig" (Marinade mit Zwiebeln). Die Masse aus Sauermilchquark wurde früher mit den Händen durchgeknetet und zu Laibchen geformt, daher der Name. Und beim Brot schmeckt „es Knerzje" am besten.

Hinter vielen „Hinkel"-Rezepten verbirgt sich nicht allein das klassische Huhn, sondern auch das Hähnchen. „Gequellte" oder „Quellmänner" sind Pellkartoffeln im Gegensatz zu den „Gereeste" (Bratkartoffeln). Bei Hülsenfrüchten kann es problematisch werden, denn: „Linse, wo sin se? Im Dibbe, se hibbe, se koche drei Woche, sin hart wie die Knoche." Nach erfolgreichem Kochen geht es zu Tisch gemäß den Kinderliedzeilen: „Gure Abbeditt! Nix verdribbelt (vertröpfelt) un nix verschitt!"

Gure Abbeditt!
Nix verdribbelt,
un nix verschitt!

Kneip junior

„Das Kneipche sei ja ganz schön“, meinte der Bekannte, aber nun müsse was Größeres her. Der junge Mann ist kein Gastronom, der sich nach einer größeren Lokalität sehnt, die Äußerung bezieht sich vielmehr auf den Zustand des Besteckkastens. Auch in einem Junggesellenhaushalt reicht die Kombination Löffel, Gabel, Kneipchen (kleines Messer) nicht immer aus.

Wir sagten zu Hause Messerchen, später lernte ich das „Schnitzerla“ kennen und in Frankfurt schließlich das „Kneipche“, wie man das scharfe Küchenmesser in der Umgangssprache nennt. Schälen lässt sich damit natürlich auch, aber besonders gut eignet sich das „Kneipche“ als Putz- und Zurichtmesser von Obst und Gemüse. Manchem gefällt die Ausführung mit einer gekrümmten Spitze, was der klassischen Form entspricht. „Ein Kneip, auch Kneif war einst ein kurzes, gekrümmtes Messer, ein Stechmesser“, erläutert das Frankfurter Wörterbuch. Für Schuster, Gärtner und Winzer gehörte es zum alltäglichen Handwerkszeug.

„Kneip“ ist mit kneifen verwandt und teilt sich die sprachliche Herkunft mit dem englischen „knife“ und dem französischen „canif“ (Taschenmesser). Egal ob Küchen-, Kochmesser oder Kneipchen, nur mit der nötigen Schärfe taugt ein Messer zum Schneiden. Denn wie heißt es in Herbert Heckmanns „Hessisch auf Deutsch“: „Uff dem stumpe Kneipche kannste nach Rom reite.“

Unn dadazu:

„Die kleine Kneipe in unserer Straße“, die von Peter Alexander besungen wird, wäre im Frankfurterischen eher „de klaa Wertschaft“.

Bodenbirnen

„Ebbel sin kaa Bern“ lautet die simple Unterscheidung für das Obst, das am Baum hängt. Früher war es üblich, diese Begriffe auf die Knollenfrüchte in der Erde zu übertragen. Bevor sich der Begriff Kartoffel durchsetzte, sagte man Erdapfel, Grund- oder Erdbirne. Die dem Erdboden (Grund) entstammende Frucht heißt mundartlich „Grumbire“, „Grombire“ oder „Grumbääre“. Redensarten wie „Je dümmer der Bauer, desto größer die Kartoffeln“ hört man dialektübergreifend.

In der Frankfurter Mundart verliert die „Kadoffel“ ihr „r“, wenn man sich nicht eh „Gequellte“ munden lässt. Gekochte Kartoffeln heißen je nach Region auch „Abgequellte“, „Abgesottene“ oder „Eigewickelte“. Hat man bei Kartoffeln „in der Montur“ die „Kadoffelscheele“ entfernt, lassen sie sich auch mit dem „Kadoffelstemper“ („Kadoffelstumper“) zu Püree verarbeiten. Der geläufige Spruch vom Kartoffelertrag in Relation zum IQ des Landwirts könnte laut „Kleinem hessischen Wörterbuch“ so lauten: „De dömmste Bauer kreit die dickste Grombire.“

Ebbel sin kaa Bern

Etwas, was man mit der Kartoffel nicht in Verbindung bringen würde, ist das Feldhuhn. „Feldhenner“ sind nicht nur Rebhühner, sondern auch gekochte Kartoffeln. Das Frankfurter Wörterbuch schreibt die Wendung „Feldhinkel ohne Feddern“ (Pellkartoffeln in der Schale), dem Stadtteil Bornheim zu.

Wegen ihrer Knollenform eignet sich die Kartoffel vorzüglich zur Beschreibung einer klobigen Nase, der „Kadoffelnas“. Eine dicke und rote Nase ist auch die „Erdbier“, was eigentlich von der Erdbeere kommt, wegen der Lautgleichheit mit der „Erdbirne“ auch die Kartoffel meinen könnte.

Unn dadazu:
„E aal Supp von neuer Kadoffel“ (aus dem Frankfurter Wörterbuch)
Im Hochdeutschen würde man von altem Wein in neuen Schläuchen sprechen.

Dibbe

Dem Eigennamen „Hafner“ oder „Häfner“ begegnet man zwar nicht so häufig wie Müller oder Schmidt, aber auch ihm liegt eine Berufsbezeichnung zugrunde. In Süddeutschland und im Alpenraum entspricht der Hafner demjenigen, der Töpfe herstellt. In unserem Dorfdialekt stand der „Hoofe“ für einen Kochtopf wie auch ein Steingutgefäß. Beim Wort Hafen denkt man heute an Schiffe und nicht an Töpfe.

Im Südhessischen trifft man in der Mundart noch Formen an wie „Haffe“ oder „Hawwe“ für das Haushaltsgefäß. Die übliche Bezeichnung ist jedoch „Dippe“ oder – der Aussprache entsprechend – „Dibbe“. Allseits bekannt ist die Frankfurter Dippemess, wenngleich auf dem zweimal jährlich stattfindenden Volksfest die Töpferwaren heute eine untergeordnete Rolle spielen.

Idealerweise gehört zum „Dibbche“ das passende „Deggelche“. Jede Größe hat ihre Vor- und Nachteile. Die Redensart „Klaane Dibbercher laafe leicht iwwer“ (Frankfurter Wörterbuch) gilt für Töpfe wie für schnell aufbrausende Personen. Auch der Topfinhalt dient als Vergleich mit den unterschiedlichen Lebenssituationen. „Große Dibbe unn nix drin“ steht fürs Prahlen. Mancher benimmt sich „als wie e Dibbche Niss“, das heißt steif und unbeholfen wie Nüsse im Schälchen. Ein anderer „mecht e Gesicht wie e Dibbe voll Deiwel“, ist folglich zornig, enttäuscht oder traurig. Manchmal nützt auch kein vollgefüllter Topf wie im Beispiel aus dem „Kleinen hessischen Wörterbuch“: „Was batt mer e voll Debbe, wann ich kee Appetit dezou huu?“ Und bei den ADAC-Trickssereien hilft nur, „es Dibbche uffzedecke“.

Apfel, flüssig

Dass der Apfelwein auch die Sprache beeinflusst, zeigt die landläufige Bezeichnung „Stöffche". Friedrich Stoltze, dessen Vater Wirt des „Gasthauses zum Rebstock" in Frankfurt war, schwärmte in seinem Gedicht „Stoffche hat Zauwerkraft":

War nix uff Stoffche hält,
dar daut aam laad!
Nix su uff dare Welt
mecht aam su Fraad.

Die Verkleinerungsform meint wohl nicht das Rauschmittelchen, das im Bembel und Gerippten kredenzt wird, sondern leitet sich vom mittelhochdeutschen „Stouf" (Becher) ab, wie Herbert Heckmann beschreibt. Was im Becherchen funkelt, mag in der Mundart Äbbelwoi, Ebbelwei, Äpfelwein oder Äbbelwoin heißen, nur die bei Jüngeren gebräuchliche Wortschöpfung „Ebbler" lässt alte Apfelweinkenner zusammenzucken.

Bei der Apfelweinverkostung wird nicht bloß getrunken, sondern „geschlotzt", „gebaaft" und „gerobbt". Es mag an der herben Note des Tropfens liegen, dass der Schoppepetzer seinen Trunk förmlich zwickend bearbeitet („petzen" oder „pfetzen" heißt ursprünglich kneifen). Die Hauptfigur in Niebergalls „Datterich" (siehe auch S. 108) beschreibt das Liebenswerte und Gewöhnungsbedürftige am Stöffche etwas abfällig, aber treffend: „Die Brieh hat so e angenehm Essigseire."

Backwerk

Jeder Garten gewinnt durch einen Apfelbaum. Was auf dem Land selbstverständlich ist, lässt sich auf den kleinen Parzellen in der Stadt schwerer umsetzen. Doch viele Kleingartenbesitzer bestätigen dieses Argument mit zumindest kleinstämmigen Obst- oder Spindelbäumen. Die Bäume im elterlichen Garten hatten im Frühjahr zwar vielversprechend geblüht, doch die Menge der reifen Früchte bei den geliebten Sorten Gravensteiner und Sternrenette war enttäuschend. Umso schmerzlicher wirkt das Geräusch eines Apfels, der sich vom Zweig lossagt, durchs Blätterdach rauscht, um eine halbe Sekunde später dumpf auf den Boden aufzuschlagen.

Schnell verarbeitet, wird auch aus Fallobst noch etwas Feines. Ob gefallen oder gepflückt, das Schönste, was aus einem Apfel werden kann, ist für Apfelweinkelterer und Schoppepetzer eine klare Sache. Doch es führen auch andere Wege zum Apfelgenuss. Das geht beispielsweise in Taschen- oder Ranzenform, wobei die Teigtasche des „Ebbelranze“ mit Apfelbrei oder mit Apfelstückchen gefüllt wird. Von kräftigerem Aroma sind die „Ebbelranzer", die Michaele Scherenberg und Karl-Heinz Stier in ihrem „Hessischen Apfelbuch" servieren: in Brotteig gebackene Apfelstücke. Unsere Pfälzer Nachbarn verstehen unter „Appelranzen" den gedeckten Apfelkuchen.

Die Liaison von Apfelschnitten oder (den kreativer klingenden) Apfelschnitzen mit Teig heißt auch „Ebbelstriez". Äpfel im Teigmantel der nobleren Art, etwa im „Schlafröcksche", kennt die hessische Mundart nicht. Im Rezeptteil des oben erwähnten Buches stößt man dagegen auf die „Äppelferz". Die Form des Gebäcks spricht für sich, die deftige Bezeichnung passt. Die zu Knoten geformten Rollen aus Mehlteig werden wie Krapfen im Fett ausgebacken und mit Apfelmus gefüllt. Dialektferne Zeitgenossen dürfen Apfelknoten sagen, lassen sich aber den doppelten Genuss von Sprache und Geschmack entgehen.

Weck

Manche Sinneseindrücke aus Kindheitstagen haben sich so tief eingegraben, dass ein kurzer passender Reiz sie umgehend aktiviert. Das kann für jemanden, der auf dem Land aufwuchs, der Geruch von frisch eingefahrenem Heu sein, oder das fein-säuerliche Aroma von Tomaten (in der Tat gab es das mal) aus Mutters Garten. Oder der Geschmack eines Brötchens. In der Volksschule (auch die gab es bis in die 60er Jahre) holte man in der Pause sein Pausenbrot hervor oder stellte sich beim „Bäck" für einen „Weck" an, der aus einem mit einem weißen Tuch ausgelegten Weidenkorb geholt wurde und für zehn Pfennige (die gab es bekanntermaßen bis 2001) den Besitzer wechselte.

Den Weck kennen wir als Bestandteil des Dreigestirns der südhessischen Grundgenüsse „Weck, Wei unn Worscht". Früher bezeichnete man mit „Weck" das länglich geformte Gebäck aus Weizenmehl, dessen Enden keilförmig zulaufen. Unsere Vorfahren im späten Mittelalter kannten den Begriff „Weck(e)" sowohl als Gebäck als auch als „Keil" („Wegge"). Heutzutage ist es dem Weck gleich, in welcher Form er gebacken und verspeist wird. Meist wird eh nach einem Brötchen verlangt. Es sei denn, man möchte einen Wasserweck. Hier geht keine Wortkombination mit Brötchen oder Semmel.

Der Wasserweck ist das „Sparbreedche" der Weck-Familie, nur mit Mehl und Wasser geknetet, ohne Zugabe von Milch, die den Teig geschmeidig macht. Als Ausgleich gibt es das „kleine Brot" zwei- oder viergeteilt. Mein Schul-Weck übrigens blieb mir – wie die Tomaten von damals – in guter geschmacklicher Erinnerung.

Mehr Gebäck

Mundart geht manchmal durch den Magen, wie Grie Soß, Ahle Worscht und Ebbelwei belegen. Beim Backwerk ist es weniger der Weck, der die Geschmacksnerven herausfordert, als die süßen Naschereien. Zu den Klassikern der Blechkuchen zählt der „Quetschekuche“, den es mit und ohne Streusel gibt.

Der Streuselkuchen selbst ist auch in Hessen sehr beliebt, nur nennt man ihn hier oft „Riwwelkuche“. Beim „Riwwele“ oder „Ribbele“ reibt man etwas in kleine Teile, beispielsweise Brotkrümel oder kleine Teigklumpen für die „Riwwel(e)subb“. Auf den „Riwwelkuche“ angewandt, heißt es, mit den Handflächen die Butter-Zucker-Mehl-Mischung in möglichst gleichmäßige Klümpchen zum Drüberstreuen zu zerreiben.

Einem Fernsehkoch von einst folgend haben wir zum Schluss schon mal was vorbereitet: Vermischt wurden Weizenmehl, Margarine, Zucker, Kakao, Zimt, Kardamon, Eier, Backpulver, Milch und Lebkuchengewürz. Während wir als Backergebnis Lebkuchen aus der Röhre holen, mag in einem Frankfurter Haushalt das gleiche Rezept einen „Haddekuche“ ergeben. Letzterer ist eigentlich weich und wird erst hart, wenn er zu lange liegt. Außerdem ist er nicht rund, sondern rautenförmig, passt zu Weihnachten, zum Apfelwein und anderem. Das, womit meine Tante den Bratensaft verfeinerte und in ein wunderbar sämiges, würziges Sößchen verwandelte, war der übliche rechteckige Soßenlebkuchen. Nicht jeder kann aus Frankfurt kommen. Aber wenn, dann „wär Haddekuche in de Soß gewese“.

Noch mehr Riwwel

Bei unserem kleinen Abstecher ins Reich des Backens begegnen wir im Begriff „Riwwel“ nicht nur den Streuseln auf dem Kuchen oder den Mehlklümpchen als Suppeneinlage. Eine Frankfurter Gaststätte in Alt-Sossenheim trägt den Namen „Zur Krone“, wird von den Sossenheimern aber meist „Riwweler“ genannt.

Nun wird der Mann hinter der Theke neben dem Ausschenken des Apfelweins wohl kaum Streusel oder Krümel gerieben haben. Der Spitzname soll daher kommen, dass sich der frühere Wirt stets die Hände rieb. Ob es Gewohnheit war oder aus ungemütlicheren Zeiten stammt, in denen er sich neben dem Ofen die Hände warm rieb, wissen wir nicht.

Im großen elektronischen Krümelladen, dem Internet, stießen wir auf eine Darmstädter Kneipe namens „Riwwelmaddes“. Unter demselben Namen ist bei den Darmstädtern allerdings auch das Veteranendenkmal aus Sandstein im Herrngarten bekannt. Unklar ist der Ursprung des Uznamens für die teutonisch-schwülstige Skulptur, die einen grimmigen Germanen mit gehörntem Helm, Vollbart und Schwert darstellt.

War's ein Matthias Riebel, der Modell stand? Oder wollte jemand ausdrücken, dass der Bildhauer einen „Riwedibbel“ hatte? Das wiese jedoch auf einen Pfälzer hin, denn laut Pfälzischem Wörterbuch entspricht „Ri(e)we“ der Rübe, und einer mit „Riwedibbel“ ist verrückt. Vielleicht doch zu viel der Mutmaßung.

Ures

Die Großstörung vom Tag zuvor war noch in lebhafter Erinnerung, als eine Lautsprecherstimme am Bahnsteig im Frankfurter Norden eine „Kleinstörung“ verkündete: „... fällt heute aus.“ Das duldsame Schweigen der Wartenden unterbrach die verärgerte Stimme eines älteren Herrn: „Verspätet, dann gar nicht“, und außerdem, er sei „die Sach jetzt ures.“

Nicht mal die Bahn könnte das so deuten, der Reisende habe sich damit abgefunden; er hatte im Gegenteil genug von der Warterei. „Ures“, nördlich von Frankfurt „ores“ oder „oares“, entspricht nicht nur dem hochdeutschen „satt“, sondern hat auch ursprünglich mit dem Essen zu tun. Beim Mittagstisch kann man sich den Stoßseufzer „ei, was hawwich des Gemieß so ures“ gut vorstellen, während man beim abendlichen Schoppenpetzen das Stöffche gar „net ures krieje“ kann.

Das österreichische „urassn“ (verschwenden) macht die Herkunft deutlich, wobei die alte Vorsilbe „ur“ „aus“ bedeutet. Wer alles aufisst, obwohl es zu viel ist, und keine „Ures“ (Speisereste) übrig lässt, überisst sich leicht. Ein warnendes Beispiel zu Ostern aus dem „Kleinen hessischen Wörterbuch“: „Ach huu mich aa den viele Aijer ures geasse.“

Hatte man früher seinen Liebsten nicht mehr „zum Fressen“ gern, konnte man die Beziehung im Dialekt abhaken: „Eich sein deich ures.“ Hoffentlich war der Verehrer der Mundart mächtig.

Latwerge

Auf einem Herbstmarkt im Frankfurter Dominikanerkloster muss es gewesen sein, dass ich an einem Stand etwas irritiert die Gläschen mit „Latwersch“ betrachtete. Ein paar erhellende Worte der freundlichen Dame am Verkaufstisch klärten den ahnungslosen Zugezogenen auf. Zwetschgenmus, ach so. Aber das Pflaumenmus, wie ich es kannte, war flüssiger, während Latwerge von festerer, leicht zäher Konsistenz ist. Die kräftig eingekochte Fruchtmasse (von Zwetschge oder Birnen) hat im Rhein-Main-Gebiet, in Süd- und Mittelhessen eine lange Tradition und wird – je nach Region – als „Latwerch(e)“, „Latwerje“, „Latmärje“, „Lakwaaj“, „Leckwarje“ oder „Leckmerje“ bezeichnet. Auch "Latweje" oder "Leckmerich" hört man in der Mundart. Ganz gleich, ob der, die oder das Latwerge, alles geht – Hauptsache, es schmeckt gut.

Das Herstellen von Latwerge funktioniert auch im Backofen, verkündet das Rezept vielversprechend. Wer es probiert, weiß, dass dies nichts für Zwischendurch ist, sondern viel Zeit und Geduld erfordert. Das heute selten gewordene traditionelle Latwerge-Kochen in großen Kesseln verlangt lange Kochzeiten und, damit das Mus nicht anbrennt, stundenlanges stetes Umrühren mit dem Latwerge-Löffel oder -Rührer. Das überdimensionale hölzerne Rührwerkzeug für den Gulliver am Kochkessel nannte man mancherorts „Latwerchehannes“. Es ist bezeichnend, dass häufig die Landfrauen diese Art der Konservierung als Gemeinschafts- und Nachbarschaftserlebnis wiederbelebt haben: Frauenpower und Workshop in Sachen Zwetschgen.

Während noch gerührt wird, erklären wir kurz die Wortbedeutung. Neben dem Obstmus von Zwetschgen und Birnen war Latwerge ursprünglich ein mus- oder breiartiges Arzneimittel, abgeleitet von dem lateinischen Begriff für einen dickflüssigen Heilsaft („Eluctarium"). Letzteres heißt „Auserlesenes", und eine auserlesene Süßspeise kann ja wie Medizin wirken. Der Tierarzt, der dem kranken Pferd „e scheene Lackwerje" (Hessen-Nassauisches Wörterbuch) verabreicht, leitet sicher die Gesundung des Tieres ein.

Als Quizfrage geeignet ist „Hoing" oder „Hoin(g)k", die im Vordertaunus und in der Wetterau geläufige Bezeichnung für Zwetschgenmus. Der „Zwetschen-Honig" unterstreicht den bienengleichen Fleiß der rührigen und rührenden Latwerge-Fans.

Unn dadazu:

Leckereien finden auch im Ausland ihre Anhänger: Powidl ist Latwerge auf Böhmisch-Österreichisch.

Auch die Schweizer sind, wie eine Reisende berichtete, auf den Latwerge-Geschmack gekommen. Hier sollten wir aber auf die hessische Urheberschaft pochen. Also: Wer hat's gemacht?

Gemetzeltes

Manche Gastwirtschaft bietet auf der Speisekarte die Schlachtplatte an. Trotz drastischer Fernsehdokumentationen über Massentierhaltung und fabrikmäßige Fleischproduktion vermischen sich die Bilder mit Erinnerungen an frühe Kindheitstage im Spätwinter, als man bei der Oma im Haus bleiben sollte, während draußen der Dorfmetzger unserem Hausschwein den Garaus machte. Die trüben Gedanken an das arme Schwein waren spätestens dann verflogen, als der mit Fleisch und Würsten gefüllte Suppenkessel sein deftiges Aroma verströmte.

Auf der Karte der Mundarten taucht das für einen Schlachttag typische Essen in unterschiedlichen Bezeichnungen auf. Südhessen, das Rhein-Main-Gebiet, die Wetterau und der Gießener Raum stehen zur „Metzelsupp" oder „Metzelsopp" und geben sich damit klassisch-römisch. „Macellarius", von dem der „Metz(e)ler" abgeleitet ist, nannte man im Lateinischen den Fleischhändler, wobei natürlich auch der Nicht-Lateiner weiß, dass es wie beim Gemetzel blutig zugeht. In Osthessen (Schlüchtern, Fulda, Hünfeld) sagt man „Stichbraten" in seiner mundartlichen Lautung, nördlich davon (von Schlitz über Hersfeld bis Witzenhausen) heißt das Essen „Schwartekohl" (weil Schwartenstücke mitgekocht werden) oder „Schlacht(e)kohl". Im übrigen Nordhessen, aber auch im Limburger Raum hält man sich an die „Wurst(e)suppe" oder „Würst(e)suppe".

Wenn Marie im „Datterich“ die Redensart „Worscht widder Worscht“ bemüht, also Gleiches mit Gleichem vergelten will, geht dies auf die Sitte zurück, den Nachbarn nach der Schlachtung Suppe und Würste vorbeizubringen. Diesen Brauch schätzte ich als Kind sehr. Auch Peter Geibel, Mundartdichter, Veterinär und Schlachtviehbeschauer, schwärmte in einem Gedicht:

Oweds bei d'r Metzelsopp
No d'r Desch der baikt sich
Stecker Flaasch as wäi mei Kopp (...)
Ach des Herz, doas fraikt sich.

Kapitel 5
Vom Hüpfen und anderen Bewegungsarten

gehobbt

wie

gedobbt

Bald
wär
mer
widderenanner
gerennt!

Gehibbt

Die Wendung „Jacke wie Hose“ meint, dass eins wie’s andere ist, obwohl es sich um zwei unterschiedliche Kleidungsstücke handelt. Der Vergleich stammt aus dem 17. Jahrhundert und bezog sich ursprünglich auf den gleichen Stoff, den man für Jacke und Hose verwendete. Anders sieht es bei „gehubbt wie gesprunge“ aus. Hüpfen und in die Luft springen gleichen sich im Bewegungsablauf, und das Frankfurter Wörterbuch liefert das bestätigende Zitat: „Dut aans springe, des dut hibbe“. Den Spruch „gehibbt wie gesprunge“ verwendet man, wenn es auf Eins hinausläuft, es sich also nur um eine scheinbare Alternative handelt. Alternativen hat man allerdings bei der Wortwahl. Außer hüpfen und springen funktioniert auch die Kombination „gehubbt wie gedubbt“ oder „gehobbt wie gedobbt“.

„Dobbe“ entspricht dem Tupfen, dem flüchtigen Berühren, wenn beispielsweise jemand hüpft und die Beine immer nur kurz den Boden berühren. Egal ist es übrigens, ob mit einem I, O oder U „gehopft“ oder „gedipft“ wird. Die lautliche Kombinatorik demonstriert der Odenwälder Arzt und Autor Ulrich Herrmann in seinem Buch „Des unn sell“ am Beispiel einer Heuschrecke: „‚De Haihubber hibbd’, ‚De Haihibber hubbd’, ‚De Haihubber hubbd’ und ‚De Haihibber hibbd’.“ Sozusagen „Hibber“ wie „Hobber“.

Laufen

Die Situation ist bekannt: Die einfahrende U-Bahn an der oberirdischen Station löst bei den Herannahenden einen Laufimpuls aus. Jeder rennt nach seinen Möglichkeiten, um die Bahn vor dem warnenden „Bitte zurückbleiben“ noch zu erreichen. Dabei nimmt die Rennerei teils halsbrecherische Züge an – zumindest sprachlich gesehen. Da werden de „Baa uff de Axel genomme“, „uff de Buckel“ oder „unnerm Aam“, und mancher „lääft sich bald de Baa ausem Hinnern“. Wenn man es geschafft hat, ist man gut „geloffe“. „Laafe“/“geloffe“ ist typisch für das Rhein-Main-Gebiet. In anderen Dialekten heißt es „laafe“/„gelaafe“ (Raum Gießen) oder „loofe“/“geloofe“.

Wie entwöhnt wir der Fortbewegung auf eigenen Beinen geworden sind, spürt man, wenn wir uns „Atzelaache an de Fieß laafe“ (Hühneraugen). Vom vielen Herumlaufen kann man sich, derb gesprochen, „en Kibbarsch laafe“. Dem Lauffaulen hingegen ist es „laad (leid), dass er laafe gelernt hot“. Solche Menschen kann man schwer „et Loufe brenge“ (Beine machen).

Auch ein Scherzrätsel aus dem Hessen-Nassauischen Wörterbuch hat das Laufen zum Thema. Es stammt aus einer Zeit, als die Häuser gegen die Kälte noch nicht mit Isolierverglasung gerüstet waren und fragt nach dem Unterschied zwischen einem Briefträger und einer Fensterschiebe. Antwort: „De Briebdräjer lääft ierscht ein, dann schwitzte, die Fiesderscheiwe schwitzt ierscht ein, dann lääft se.“

Unn dadazu:
Im Jahr 2005 organisierte der Vereinsring des Frankfurter Stadtteils Höchst zur Feier der Stadterhebung von 1355 ein „Laufereignis". Die „Laaf-Paraad" war eine gelungene Neuaufnahme des Festumzugs durch die Höchster Altstadt, der lange Zeit fester Bestandteil des Schlossfestes war. Die lautliche Anspielung auf das Technospektakel, das von 1999 bis 2003 alljährlich in Berlin stattfand, hat ihren eigenen Reiz und unterstreicht den lokalen Bezug.

Auch Merenberg wirbt mit einer „Laaf-Parade" zur Dorfkirmes, bei der man durch die Straßen des Ortes zum Kirmesplatz zieht.

Rennen

Das Lexikon kennt Rennmäuse, Rennkrabben, Rennvögel und sogar Rennfliegen. In der Frankfurter Mundart gab es mal den „Rennolwel“, eine ironische Bezeichnung für die Rennfahrer der frühen Jahre, die wohl manchem Zeitgenossen etwas spinnert vorkamen. Die amüsante Wortschöpfung ist ähnlich wie die englisch-frankfurterische Mischform „Racekobb“ längst passé. Heutzutage würde niemand die modernen Helden des Automobilsports so titulieren.

Im Frankfurter Wörterbuch stießen wir auf einen weiteren Sprach-Oldtimer, nämlich „obbele“ für Rad fahren und schnell laufen. In der Tat klingt das Wort nicht nur nach Opel, sondern leitet sich auch von dem Namen des Rüsselsheimer Unternehmens ab, das vor der Produktion von Kraftfahrzeugen Nähmaschinen und Fahrräder herstellte.

Nicht nur vom Rennsport wissen wir, welche Gefahren in einem Rennen lauern, auch bei der Art der nichtmotorisierten Fortbewegung kann es kräftig rumpeln. „Renn dich net an den Tisch“, ermahnt man das Kind. Und wem nicht zu raten ist: „Renn der nor de Kobb ein.“ Erleichtert stellt man nach einem gerade noch vermiedenen Zusammenstoß fest: „Bald wär mer widderenanner gerennt.“

Rennen im Sinne von gegen etwas rennen oder sich stoßen ist auch im Folgenden gemeint: „Eich hoo mich gerannt.“ Zur Beule am Kopf gibt es obendrein noch eine spöttische Bemerkung aus dem Gemüsegarten für den, der sich „sein Wersching widdergerennt hot“. Doch Stöße und Rempler gehören zum Lauf der Dinge.

Wo's lang geht

Was die Richtung anbelangt, geht es auch in Hessen hin und her. Sprachlich bleibt aber von dem „hin" ein „en" und von „her" ein „er". So heißt es in Südhessen „enab", „enaus" für hinab und hinaus, „eruff", „erunner" für herauf und herunter. Die vielzitierte Passage aus Friedrich Stoltzes Gedicht „Frankfurt" mag auch hier als Beispiel dienen: „Un es will merr net in mein Kopp enei (...)".

Im Alltag ist es wichtig zu wissen, ob die Richtung stimmt und wo es langgeht. Zum Beispiel für den Autofahrer: „Grad isser in de Hof erei gefahrn." Wenn der Heimwerker aktiv wird: „Ei, der Klowe (großer Nagel) guckt ja de anner Seit eraus!" Als Aufforderung: „Komm eruff. Sonst ziehst de merr da unne Worzele." Oder als Verbot: „Da darf kaaner erei."

Wird der Bewegungsradius größer, geht es „niwwer" oder „eriwwer". Die Frankfurter wohnen entweder „hibbdebach" oder „dribbdebach". Wie man am geschicktesten nach Alt-Sachsenhausen kommt, schildert H. P. Müller in einem Gedichtchen:

„Naa, ich fahr net mehr iwwern Maa
zum Ebbelwei! Ich denk net draa!
Ich bin ja so en schlaue Borsch:
Ich nemm die U-Bahn unnedorch!"

Verkehrssprache

Der Zugführer, der seinen Fahrgästen beim Aussteigen aus der S-Bahn einen angenehmen Abend zu wünschen pflegte, rief die Erinnerung an dessen Kollegen wach, der sich vor etlichen Jahren an der Konstablerwache in Frankfurt von den Reisenden in gepflegter Pilotenmanier verabschiedete. Der ungewohnte Service sorgte stets für heitere Momente. Angesichts automatisierter und standardisierter Durchsagen geht sprachlich allerdings nicht mehr viel im öffentlichen Nahverkehr. Richtig erfrischend wirkt es da, wenn der U-Bahnfahrer selbst das Wort ergreift – manchmal sogar im polternden Frankfurterisch: „ Ei, wann Se ewisch in dere Tür stehebleiwe, stehe mer morje noch.“ Das wirkt meist besser als das dreifach wiederholte: „Bitte zurückbleiben!“

Vielleicht könnte der Einsatz mundartlicher Mittel auch verkehrstechnisches Ungemach entschärfen. Es muss ja nicht nach „Schlabbmaul“ klingen, eher sportlich flott: „Liewe RMVler, uffgebasst! Mer hawwe da emol e Problem.“ Im Falle einer der berüchtigten Groß-Störungen wäre die Verkleinerungsform „e Problemche“ angebracht oder die verschärfte Form „e klaans Problemche“. Die harten Fakten vom gestörten Betriebsablauf stecken die Fahrgäste besser weg, wenn man etwas Trost spendet: „Es will uns aach net in de Kobb enei ...“ Oder: „E bissi dähds noch dauern. Wann Se laafe wolle.“ Der Dialekt als Verkehrssprache bekäme eine ganz neue Bedeutung.

Reiserei

Ferienzeit ist Reisezeit: „Alles rähst jetzt." Eine „Rähsbleet", eine Reisedecke, in der früher die Kleidung eingeschlagen und mit Lederriemen zusammengehalten wurde, braucht man heute nicht mehr. „Verrähst" wird mit der „Rähsdasch", häufiger mit Trolley und Hartschalenkoffer.

Nicht immer muss es eine Fernreise sein, auch ein Ausflug ins Frankfurter Umland lohnt sich. Unerwartetes und Unangenehmes lassen sich zwar nie ausschließen, aber dass ein Sonntagsausflug bei guter Vorbereitung mit so viel Ungemach für den Protagonisten abläuft, wie es Karl Malss in seinem Mundartstück „Die Landpartie nach Königstein" beschreibt, bleibt eher die Ausnahme. Herr Hampelmann, „baumwollener und wollner Warenhändler" aus Frankfurt und Hauptperson des Stückes, klagt bereits vor der Abfahrt: „Ach! Was kost des for e Hitz, wann e ehrlicher Borjerschmann sich emal e Plesir mache will." Bei Eschborn passiert das Malheur, als die „ganz Loding Frankferter im Grawe" landet. Kommentar einer Einheimischen: „Loßt se leie (liegen), sie leie waag (weich)."

Der Wagen ist zwar „kabores", aber der Ausflug wird fortgesetzt. „Kabores" („kapores") bedeutet „kaputt", „zerbrochen". Das hebräische Ursprungswort „Sühneopfer" bezeichnet den jüdischen Brauch, am Versöhnungstag ein Huhn zu schlachten.

Für Herrn Hampelmann beginnt nach dem Missgeschick mit dem Fahrzeug keinesfalls der versöhnliche Teil der Reise, sondern er schlittert von einer Malaise zur nächsten. Als schließlich alles überstanden ist, zieht er pathetisch Resümee: „Drei so Däg – un ich wär doht!"

Daheimgebliebene

Auf das Quengeln von Kindern reagieren die Eltern unterschiedlich. Für die Kleinen, die zu Hause bleiben müssen, bietet die Frankfurter Mundart ein sprachliches Trostpflaster an: „Wenn de brav bist, derfst de mit uff de Haambleiwerkerb." Die „Kerb für Daheimgebliebene" bedeutet zwar immer noch daheimzubleiben, möchte den Nachwuchs aber zum positiven Denken anleiten.

Auch Erwachsenen bleibt statt der erhofften Urlaubsfreuden manchmal nur die „Dehaambleiwerkerb". Solange es nicht so arg kommt, um lediglich mit „em Finger iwwern Feldberch zu fahrn", sind Ferien auf Balkonien besser als gar kein Urlaub. Vergleichsweise beschaulich wird es, wenn man sich ins eigene „Gärtche" zurückziehen und Mußestunden im Grünen genießen kann.

Da bestaunt jemand die Staudenpracht in der Parzelle nebenan und denkt: „So was derft mer aach im Garte wachse." Und tatsächlich gibt ihm der nette Nachbar im Herbst ein paar Ableger, wofür in mundartlicher Lockerheit angeboten wird, ihm „aach emol en Staa in Garte ze werfe". Das ist trotz der uncharmanten Wortwahl durchaus liebevoll gemeint, nämlich jemandem bei passender Gelegenheit auch einen Gefallen erweisen zu wollen.

Wenn einer den andern „uff de Kerb eilade" will, stehen die Zeichen am Gartenzaun dagegen auf Sturm. Die vermeintliche Einladung ist eine Anspielung auf das allseits bekannte Götz-Zitat, denn im Dialekt bedeutet „Kerb" neben Kirchweih auch Kerbe. Und dann bezieht sich die unfeine Äußerung auf die Form des Gesäßes. An solchen Tagen wäre man doch lieber zu Hause geblieben.

Kapitel 6

Von der Kerb und anderen Festen

Kerbelies
Kerbliss
Kerbe-
hannes
Lisbeth
Schlagges
Kerwe-
borsche

Kerb

Im Spätsommer und Herbst ist die Zeit der Kerb oder Kirb(e), wie man das Kirchweihfest in Südhessen nennt. Im nördlichen Hessen heißt es Kirmes oder Kermes (von Kirchmesse). Die tragende Rolle vom Aufstellen des Kerbebaums bis zur Nachkerb spielen die Kirchweihburschen, im Dialekt „Kerweborsche", „Kerb(e)borsche" oder „Kermesborsche. Der „Kerwevadder" betreut den gesamten Ablauf. Während Frauen früher hauptsächlich Tanzpartnerinnen waren, unterstützen heute auch „Kerbemädcher" die jungen Burschen. Kerbelieder und -rufe basieren häufig auf der gleichen Eingangsfrage: „Wem is die Kerb? – Unser! Wer kriegt se? – Mir! Wer nimmt se uns? – Keiner!". Eine rheinhessische Variante lautet: „Wem geheerd die Kerb? – Unser! – Wer sauft de Woi? – Mir!" Oder man reimt: „Die Walldorfer Kerb is do, was sin die Leit so froh."

Die Kerb wird traditionell in Form eines Gegenstands ausgegraben, der am Schluss nach alter Sitte wieder begraben oder verbrannt wird. Das gängige Symbol der Kerb ist eine Stoff- oder Strohpuppe („Kerbbobb"), die im Kerbebaum sitzend oder hängend über die Tage der Kerb wacht und „Kerbelies", „Kerbliss", „Lisbeth", „Schlagges", „Kerbehannes" oder ähnlich genannt wird. Auch in Redensarten hat sich das Kirchweihfest niedergeschlagen. „Die Kerb fängt erscht oh" meint, dass etwas ins Rollen kommt oder aber Unheil seinen Lauf nimmt. An Zeiten der Prügelstrafe erinnert die Drohung „ets feiert der Hinnern Kermes". Es ist eben „net alle Daag Kerb".

Nikoläuse

Einem Verwandten meiner Mutter, der Nikolaus hieß, hatte die Dorfgemeinschaft den Namen „Nickel“ zugedacht. In praktischer Vereinfachung wurden aus den übrigen Familienmitgliedern binnen kurzem „die Nickel“. In Hessen hätten solche Benennungen „Niggeloos“, „Niggelees“, „Nickels“ oder „Neckels“ gelautet.

Als Schimpf- und Scherzwort musste der Nikolaus das ganze Jahr über herhalten: „Nickeloos, Biereklоß“ (oder „Paffekloß“). Einen einfältigen Menschen nannten die Frankfurter „baamwollener Nickelees“, was andererseits auch für einen billigen Regenschirm stehen konnte. Als Backwerk gehören die Nikoläuse heute noch zur Vorweihnachtszeit, neben Brenten und Bethmännchen.

Je näher Weihnachten rückt, desto drängender wird die Frage, wie man alle „Christkinnerscher“ rechtzeitig zusammenbekommt. Der Neubürger wird sich fragen, wie viele Christkindchen die Mainmetropole denn zu bieten hat. Gemeint sind natürlich die Weihnachtsgeschenke. Dass sich das hinziehen kann, bestätigt die Redensart: „Da kannste warte bis Weihnachte, bis des werd.“

Wie der Nikolaus wird auch das Christkind von der Alltagssprache vereinnahmt, wenn wir etwa in unchristlicher Weise jemanden wegen seiner Zimperlichkeit als „aal Christkindsche“ titulieren. Oder wer wollte schon „so e Christkindsche“ als Schwiegersohn haben?

Auch bei Fritz Ullrich („Ich glaab dir brennt de Kittel“) ist die Vorfreude aufs Fest verhalten: „Friedlische Weihnachte? Gehn Se fort! Mir sin zu dritt, un jeder will von de Gans en Schenkel!“

Unn dadazu:

Einen „Nickel“, wenn auch keinen Nikolaus, gibt es auch im Taunus, den Butznickel. Der Schloßborner Hausberg ist 462 Meter hoch, gehört zum Taunushauptkamm und ist von sagenhaften Geschichten umwoben. Die Vielzahl von Felsblöcken schrieb man in alten Sagen naturgemäß Felsen schleudernden Riesen zu oder man deutete sie als Reste eines Schlosses der Riesen auf dem Butznickel. Da unter den Trümmern ja etwas Wertvolles verborgen sein könnte, kommt der Butz ins Spiel, ein Kobold oder Poltergeist, der Wache hält. Der Butzemann aus dem Kinderlied, der poltert und klopft, erinnert im Zusammenhang mit „Nickel“ stark an Knecht Ruprecht.

Wäschezeit

Als der Schlussverkauf noch klare jahreszeitliche Akzente bei der Jagd nach Schnäppchen setzte, waren die „weißen Wochen" nach den Weihnachtsfeiertagen ein fester Bestandteil der Sonderverkäufe, was Weißwäsche, Bettlaken, Handtücher und ähnliche Textilien anging. Auch Töpfe, Pfannen und Geschirr gesellten sich dazu, mochten die „Dippe" nun weiß sein oder nicht.

Zum Thema Wäschewaschen zwischen den Jahren hatten meine Großmutter und die älteren Frauen des Dorfes eine eindeutige Meinung: Waschverbot! Mundartwörterbücher bestätigen den Aspekt des Aberglaubens: Es darf keine weiße Wäsche gewaschen oder auf die Leine gehängt werden, weil sonst jemand stirbt. „Uff Neujohr derf ma kaa frisch Wäsch aaziehe." Die Stadtbevölkerung ist bei „de größ Wäsch" weniger furchtsam. Man kümmert sich gerne auch um „annern Leut ihr dreckig Wäsch". Einer, der „sich gewesche hot", ist ein tüchtiger Kerl; ein durchtriebener, wenn er „mit alle Wasser gewesche" ist.

Heute gehört die „Wäschersche" (Waschfrau) mit „Wäschbütt" oder „Wäschgelte" (Bottich) und „Wäschbleuel" (Holzbrett zum Klopfen der Wäsche) der Vergangenheit an. Gegen den Trockner behaupten konnte sich der „Greetzappe", was von „Gerätzapfen" kommt und die Wäscheklammer auf Frankfurterisch meint. „Geräte" („Greet") sind Weißzeug, Wäsche und Leinen. Die „Greetkammer" ist folglich nicht Gretchens Zimmer sondern die Wäschekammer.

Fassenacht

„Bei uns haaßt des Fassenacht“, wurde der frisch Eingebürgerte seinerzeit barsch zurechtgewiesen, als er leichtfertig von Fasching redete und – ganz waghalsig – den Begriff „Karneval“ verwendete. Letzteres geht natürlich nur in Gesellschaft, also als Karnevalsgesellschaft oder -verein.

„Fassenacht“ ist ein ernstlich bedrohtes Unterfangen, wie vor geraumer Zeit eine Faschings-, Pardon, Forschungsstudie ungereimt herausgab. Zwei Drittel der Nordhessen und über die Hälfte der Südhessen schlittern nach Weihnachten ohne Elferrat, Narhalla, Meckern und Schnauzen, d. h. Schimpfen in Reim oder Prosa, in die Fastenzeit. Dreifacher Narrenalarm!

Dabei halten etliche CCs, CVs, KGs und KVs die Fahne der Mundart schon in ihrem Namen hoch. Die „Krätscher“ beispielsweise mögen auch akrobatische Tanzeinlagen bieten, aber Entwarnung für alle Fußballfans: Beim „Gekrätsch“ geht es ums Schimpfen und Nörgeln. Goldisch sind auch die „Schlippcher“ (gesprochen „Schlibbscher“). Ein „Schlupp“ oder „Schlippche“ ist etwas leichtsinnig und soll als Spottname „en Meenzer Schlupp“ vom Rhein stammen. Der „Stutzer“ hat sich als Spitzname in einem Bornheimer Karnevalsverein erhalten, ein Mensch in auffälliger Kleidung (für Fastnachter ein Muss) und mit gewisser Eitelkeit.

Heint oder nicht heint?

Zu Zeiten Friedrich Stoltzes unterschied der Frankfurter, was den heutigen Tag anging, noch zwischen „heut“ und „heint“. Das Wörtchen „heint“ (oder „heunt“) bezog sich auf heute Nacht oder je nach Zusammenhang auch auf die vergangene Nacht. In frühen Quellen der deutschen Sprache hieß es „hia naht“ (diese Nacht). Die beiden Wörter verschmolzen im Laufe der Jahrhunderte, so dass man sicherheitshalber die Tageszeit wieder hinzufügte, also „heint Nacht“ oder „heint Owend“.

Ein Fensterchen des Adventskalenders, den der Hessische Rundfunk im Jahr 2013 auf seiner Homepage den hessischen Mundarten widmete, stellte den Begriff „nächte“ vor. Mit der Nacht hat das Wort zwar zu tun, aber die Auflösung ist – wen wundert's – etwas verzwickter als die vermeintliche Mehrzahl. „Näächt“ oder „neecht“ hat dort, wo man es noch gebraucht, die Bedeutung „gestern“. Die Germanen orientierten sich beim Zeitmaß an der dunklen Zeit, wie der Sprachwissenschaftler Heinrich J. Dingeldein erklärt, wovon auch Weihnacht oder Fastnacht zeugen. „Nächte“ bezeichnet den vergangenen Abend oder allgemein den gestrigen Tag.

Mir fiel später ein, als sich das elektronische Kalenderfensterchen längst wieder knarzend geschlossen hatte, dass der Dialekt, mit dem ich aufwuchs, ein ähnliches Wort bereithält. „Nachtä“, wie es bei uns hieß, hatte ich fast schon vergessen.

Wäldchestag

Fünfzig Tage nach Ostern ist bekanntlich Pfingsten, und mit leicht veränderter Zählweise ergänzt der Frankfurter: Wäldchestag. Wenn früher alle zum Feiern ins Wäldche strömten, wunderte es nicht, dass Gewerbetreibende so viel zu tun hatten wie „e Schneidergesell nach Pingste", nämlich nichts. Das Gedicht „Der Wäldchesdag" von Friedrich Stoltze beschreibt ausführlich und anschaulich, wie um die Mitte des 19. Jahrhunderts das Volksfest im Stadtwald Jung und Alt anzog.

E dumb Gebrumm un Brause,
Als wär der Deiwel abgesetzt
Un dhet derr hie nu hause,
Jetz, Herz, geh uff wie Heweklees
Bis in die kläänste Fältche;
Jetz kimmt der Staat vom griene Kees,
Dann jetz sein merr im Wäldche!

Als Entschuldigung für exzessives Feiern hat das Frankfurter Wörterbuch eine Redensart parat: „Es is doch alle Johr nur anmol Wällchestag." Die Ernüchterung nach der Ausschweifung ereilt den Zecher sowieso:. „Des Deckbett versoffe am Wäldchesdag, bereut merr am Bernemer Gickelschlag", wobei die Bornheimer damals noch am Mittwoch nach Pfingsten feierten.

Entscheidend bleibt das Wetter. Bei kühler Witterung empfiehlt Herr Hampelmann in der „Frankfurter Latern":

Im holden Monat Maie,
Bei määs'ger Tempradur
E Eppelwei im Freie,
Brengt Sege un Gedeihe

Dieser Ratschlag aus der Frankfurter Volksmedizin von 1880 ist zeitlos und rezeptfrei, allerdings mit den üblichen Risiken und Nebenwirkungen.

Es is doch alle Johr nur anmol Wällchestag!

Kapitel 7

Von Bobbelsche, Schnerch und anderen Leuten

Ei gugg

Ei guggemol,
de klaa Krott!
emol!
Ei!
Ei!

Kinder

So verschieden wie Kinder sind, so facettenreich sind die Begriffe, mit denen der Hesse seinen Nachwuchs bedenkt. Das niedliche Baby ist das „Bobbelsche“ (Püppchen), „Borzel“ oder „Buzzelche“. Die Verkleinerungsform drückt Warmherzigkeit und Zuneigung aus: „Em Maddin soi Klaane is awwer e sieß Schnecksche (Zuckerschnecksche).“ Der sympathische Tiervergleich stammt allerdings aus einer Zeit, als die gefräßigen Nacktschnecken noch nicht in Massen in hessische Gärten einfielen. Andere Kleintiere haben von jeher einen schlechten Ruf: „Ei, guggemol de klaa Krott.“ Auch wenn „Kröte“ in der Mundart geringschätzig klingt, mag das durchaus respektvoll gemeint sein, kann aber in der deftigen Variante „Aaschkrott“ (für ein vorlautes Mädchen) schwerlich als Kosename durchgehen. Mehr Amphibisches besprechen wir auf Seite 126.

Das „Bimbernellche“ ist wie das empfindliche Kräutlein ein bisschen zimperlich, aber noch lange kein „Heulaasch“. Das „Hädschelbiebsche“ hängt an Mutters Rockzipfel. Was die „klaa Zwiwwelschlott“ bei den Mädchen, ist bei den Jungen der „klaa Grotze“ (Krotz, Grotze bedeutet Kerngehäuse). Wenn die Nerven der Kleinen blank liegen, spricht man vom „Krischer“. Eine Schar von Kindern nennt der Südhesse „Gewerzel“ (abgeleitet von Wurzel), ein kleiner Strolch aus der Horde ist der „Gewerzelkobb“. Das „Biebsche“ wird vielleicht zum „Frichtche“, die „Klaane“ zur „Kratzberscht“. Jedenfalls: Aus Kindern werden Leut‘.

Kinderspiele

In der Großstadt ist es kaum möglich, dass Kinder auf der Straße spielen. Umso mehr erstaunt es, wenn auf dem Gehsteig mit Kreide die Felder eines Hüpfspiels aufgemalt sind. Die Hickelkästchen oder -häuschen sind altbekannt. Die mundartlichen Bezeichnungen für „hickeln“, also (auf einem Bein) hüpfen, sind in Hessen „Hickelches“, „Hickelhäusjer“, „Hinkelhäusje“ oder „Eckelhäusje“. Ältere erinnern Kreidestriche auf Gehwegen mitunter an ihre Kindheit wie die Frau, die in Fritz Ullrichs „Schnabbschiss aus Hessen“ fragt: „Kenne Se aach Hickelches?“ Allerdings gilt die Frage einem Polizisten, der den Radstand eines parkenden Fahrzeugs markiert.

Das Schicksal vieler Spiele aus Zeiten, als wenig Spielzeug normal war, ist hingegen traurig. Für die „Klickerspiele“, das Spielen mit Murmeln, bot die Frankfurter Mundart in früheren Zeiten unter anderem „Hacker“ (größere Klicker), „Merwel“ (aus Marmorabfall) oder die edlen „Aagesteine“ (aus Achat) an, die „geschiewelt“ (geworfen) oder „geschnickt“ wurden. In anderen Regionen hießen die Kugeln „Briggel“, „Schießer“ oder „Üller“. Mit den Spielen schwanden auch die Begriffe. Unsere dialektkundigen Leser wissen, dass ein „Drehdobsch“ ein Kreisel ist – kein Verkehrskreisel, sondern einer aus Holz, den man mit einer Schnur am Stock antrieb. In Kassel sagt man „Dullerdopp“, andernorts „Doppisch“ oder „Dilledopp“. Solange es Wörter wie „Gameboy“ und „Wii“ in unseren Wortschatz schaffen, sollten wir „Dobsch“ und „Hickelches“ nicht gehen lassen.

Großmutter

Der Cousin aus der Großstadt besuchte die Oma selten. Und dann war es wegen seiner städtischen Extravaganzen meist mit Verdruss für die gute Frau verbunden. Er fiel auch damit auf, dass er die Oma „Großmutter“ nannte, wogegen man in dem Dorf zwischen Main und Rhön vom „Frehlä“ sprach; der Großvater hieß „Herrlä“.

Diese Verkleinerungsformen für den alten Mann und die alte Frau waren nicht nur im Fränkischen, sondern auch in Hessen gebräuchlich. Ein älteres Werk zur hessischen Landeskunde bemerkt etwas oberlehrerhaft, die Odenwälder Mundart habe „viel Treuherziges“ und benennt als Beispiele „Hehrche“ und „Frache“.

„Äller“ („Eller“) findet sich vielerorts als Mundartbezeichnung für Großmutter, welche auf die veralteten Begriffe „Altmutter“ und „Ältermutter“ zurückgeht. Zu einem neugierigem Kind sagte man früher: „Gih hem, verzehls deiner Eller!“ Das Bild der von arbeits- und entbehrungsreichen Jahren gezeichneten alten Frau wurde weitgehend verdrängt von der modernen Oma als agiler Seniorin.

Dass wir in Frankfurt auf unser „Frehlä“ stoßen, verwundert einen, obwohl die Wortbildung „Ebbelfrähle“ naheliegt. Doch wer wollte die resolute Obst- und Gemüseverkäuferin auf dem Bernemer Wochenmarkt heutzutage als „Äpfelfrauchen“ bezeichnen?

Goten und Vizegoten

Jeder Präsident hat seinen Vize, ebenso die Kanzlerin. Wer Kanzler war und wie sein Stellvertreter hieß, wusste ich als Kleinkind natürlich nicht. Aber dafür hatte ich eine Patin und eine Vizepatin; letztere hieß Lise. Es kam mir schon etwas seltsam vor, Onkel und Tante zu haben, aber weder Vizeonkel noch Vizetante, zumal auch die anderen Verwandten ohne Stellvertreter auskamen. Mit der Vizepatin, die wir nur ab und an besuchten und die auch keine Verwandte war, verhielt es sich als Taufpatin anders, wie man mir erklärte.

Ein ungewöhnliches Wort, das meine Großmutter benutzte, wenn sie von ihrer Patin sprach, war „Doud". Dort, wo sich im Hessischen die alten Bezeichnungen in der Mundart erhalten haben, gibt es Entsprechungen. „Dood", „Döte" oder „Deed" sagt man in Osthessen, beispielsweise in der Rhön, was sowohl für die Patin und den Paten als auch für das Patenkind gebraucht wird.

Alten Ursprungs sind auch die Mundartvarianten von „Gote" („Göte"). In Süd- und Mittelhessen und im Rhein-Main-Gebiet stand die „Good", „Geed" oder „Gööd" für die Patin, die Mitverantwortung für die christliche Erziehung des Täuflings übernahm. Die von Gott angetragene Verantwortung drückt sich im englischen „godmother" und „godfather" aus.

Zur „Good", wie man auch eine alte, unverheirate Frau nannte, gesellt sich auf Seiten der Männer der „Petter" oder „Pfetter" als Taufpate. Hinter dem „Padder" oder „Petterche" verbirgt sich das lateinische Wort für den Taufzeugen („patrinus").

Zwar regelt das Kirchenrecht Anzahl, Alter und Aufgaben der Taufpaten, doch kann es nicht schaden, sich schon bei der Auswahl einige Gedanken um die Zukunft des Patenkindes zu machen, gemäß einer Redensart aus dem Südhessischen Wörterbuch: „Wer de Poapst zoum Pfetter hodd, kann leichd Kardinal werrn." Die Gebühr, die der Pate für seinen Schützling früher entrichten musste, konnte sich aber auch als Fehlinvestition entpuppen: „Der daagd kaan Daafbatze (Taufbatzen)."

Schnerch

Unter den Gedichten Friedrich Stoltzes findet sich eines, das den Titel „Die Schaamreise" trägt. Um welche Art von Reise es sich handelt, erfahren wir aus dem Gespräch des Reisenden mit seinem Frankfurter Geschäftspartner. Die Reise des Kaufmanns geht „vielleicht aach nach Baries, wer waaß, / err wär uff seiner Hochzeitsraas."

Der Gedanke, die touristische Unternehmung nach dem Hochzeitsfest mit Züchtigkeit und Scham in Verbindung zu bringen, wäre heutzutage nicht nur den frisch Vermählten fremd. Schon Stoltze verwendet das Wort „Hochzeitsraas" gleichberechtigt neben der „Schaamraas".

Für die, welche durch Heirat neu zur Familie hinzukommen, blieben alte Bezeichnungen im Dialekt erhalten. In Süd- und Mittelhessen steht „Dochtermann" für den Mann, an den „Schwiechertate" und „Schwiecher" („Schwiechersche") ihre Tochter verheiraten. Fehlt in der Hochzeitsverwandtschaft noch die Schwiegertochter, die sich im Frankfurter Wörterbuch unter „Schnerch“ findet. Was im Frankfurterischen früher die „Schnarch“, „Schnärg“ oder „Schnerch“ war, hieß in anderen Teilen Hessens „Schnirch“, „Schnurche“ oder „Schnerchel“. Mit einer „verschnarchten“ Frau hat das nichts zu tun, sondern geht auf die mittelalterliche Bezeichnung für die Frau des Sohnes zurück.

Der Ausdruck geriet allmählich ins sprachliche Abseits und wurde eher in abwertender Weise verwendet. Im Frankfurter Westen ist die „Schnerch“ eine nervige Frau, mit der man nicht so viel zu tun haben möchte, wie ein waschechter Höchster erklärte. „Die Schnirsch is naut notz (nichts nütze)“, lautet ein Beispiel aus der Limburger Gegend. Ebenfalls aus dem Hessisch-Nassauischen Wörterbuch stammt die nüchterne Feststellung: „Liewer en holzerne Doochter wie en goldene Schniersch.“

Kapitel 8

Vom Aussehen und anderen Befindlichkeiten

Bei dem trinkt die Nas aach mit!

*Der Komiker Martin Schneider anlässlich seines Engagements als Humor- und Lachtrainer der „Miss Germany“ von 2013.

Der hoare Noas wej ä Gummel!
Du hast awwer emol e dick Ränzsche!

Dick 1

Der bekannte Arzt, Kabarettist und Moderator Dr. Eckart von Hirschhausen bedauerte einmal die körperfeindlichen Ausdrücke im Deutschen für die ungeliebten Auswölbungen der Körpermitte: Speckröllchen, Hüftspeck, Rettungsringe. Einzig der Begriff „Hüftgold“ kann den Problemzonen Positives abgewinnen. Auch die Mundart stellt das Ganze meist schonungslos bloß, erst recht die nicht zu übersehende Körperfülle.

„Dick wie Schlangebohne“, „dick Madamm“, „Bierfässche“, „Dicksack, „Dickworscht“, „Dickpappel“ oder „Dickwanst“ beschreiben mehr oder weniger derb eine beleibte Person. Einem „Dicktuer“ wird vorgehalten: „Mach dich net so dick“ (blas dich nicht so auf). Den früher gut gemeinten Wunsch, „es soll der zem Schmerbauch gedeihe“ (gut bekommen) würde einem heute übel aufstoßen. Und auch die Verkleinerungsform weckt eher zwiespältige Gefühle: „Du hast awwer emol e dick Ränzche!“

Doch wollen wir das Thema der Proportionen mit Friedrich Stoltze etwas tröstlicher ausklingen lassen, zumindest für die Damen: „Was se an Läng hat eigebießt / Deß ward dorch Dickung ihr versießt.“

Dick 2

Das „Moppel-Ich“, so der Titel des hunderttausendfach verkauften Bestsellers von Susanne Fröhlich, scheint den Nerv derer getroffen zu haben, die ihre Körperform außerhalb der gängigen Norm sehen. Dass man im Dialekt sprachlich noch stärker unter Beschuss genommen wird, kennen wir ja.

Während „Dicker“ in der Frankfurter Umgangssprache einfach nur „Junge“ bedeutet, ist „e klaaner Mobbel“ eindeutig ein kleines, dickes Kind. Macht man es noch kleiner, ist es eher lieb gemeint: „Gell, klaa Mobbelsche?“ „Speckert“ ist die Bezeichnung für einen wohlgenährten Jungen. Beim „Bumballe“ (erste Silbe betont) hört man förmlich einen schweren Ball auf die Erde aufschlagen: den Laut treffend nachgeahmt, aber verletzend für eine kleine, dicke, etwas tolpatschige Person.

Die Wampe, der Wanst und wabbelig sind nicht typisch mundartlich, „Wab(s)ch“ dagegen schon. Im Mittelhessischen steht das Wort für einen beleibten Mann („Wabbsack“) oder eine Frau, „en dick Wabsch“. Ein „Wabscher“ ist jemand, der das Essen herunterschlingt. Jemanden „wab(s)chen“ heißt aber auch, einen schlagen oder prügeln.

Hat man weder eine „Speckanke“ (Anke = Nacken) noch sonst genügend „Polsterung“, wird man schnell zum „Rippengunkes“, „Dürrapp“ oder „Dürrappel“. Bei Letzterem, dem „Rapp“, den von den Beeren befreiten Weintraubenstiel, keimt Hoffnung auf: Wenigstens war da mal was Kerniges.

Gesicht

Käme Hollywood auf die verwegene Idee, eine Neuverfilmung des Klassikers „Casablanca“ als „Francoporto“ in Hessen anzusiedeln, wie würde der smarte Frankfurter Held seine Liebste in den Flieger verabschieden? „Zu Deiwel was fer scheene Guggelscher!“ Und das inmitten einer Montagsdemo am Flughafen.

Da sind die Zeilen von Adolf Stoltze noch stimmig: „Un bliht e Mädche wie e Reesi (Röschen), / mit Guckelcher so hell un klar.“ Doch so wohlwollend werden Gesicht und Aussehen auf Frankfurterisch nicht immer beschrieben. Gut kommen die Kleinkinder weg. Ach, was hat das Kind „fer scheene Aachelscher“, „Haggelscher“ (Zähne) oder „a klaa Neesi“. Im reiferen Alter wird aus dem Auge ein „Bolleraach“, „Knobbaach“, „Giggelsaach“ (geschlossen), „Glotzaach“ (aufgesperrt), Quetschekucheaach“ (verquollen) oder gar ein „Knorraach“ (geschwollen) und aus der Nase ein „Schnorchel“, „Trompet“ oder „Zinke“.

Mit dem Mund zeigt man, wie einem der „Schnawwel gewachse is“. Man kann die „Brudsch“ verziehen oder hängen lassen. Zum Lachen aufgelegte Menschen heißen „Lachhannes“ oder „Lachmarie“. Der Komiker Martin Schneider unterstrich den positiven Effekt der Mundart auf das Aussehen. „Hessisch macht einen schönen Mund, einen lockeren Unterkiefer und geschmeidige Gesichtszüge“, sagte er anlässlich seines Engagements als Humor- und Lachtrainer der „Miss Germany“ von 2013.

Nase

In seinem Gedicht „Die lange Nase“ beschreibt Joachim Ringelnatz, der selbst unter seiner großen Nase litt, anschaulich den Spott, dem man deswegen ausgesetzt ist. Sein Alter Ego „hört, daß man lacht, / Daß man vom Nashorn, vom Rüsseltier spricht / Und von der Gurke in seinem Gesicht.“ Mundartlich lautet der Gemüsevergleich so: „Der hore Noas wej ä Gummel“ (Hessen-Nassauisches Wörterbuch). Einen Nasenkönig, umschreibt man im Frankfurterischen mit „Bei dem trinkt die Nas aach mit“.

„Dem regnets in die Nas enei“ gilt einem Menschen mit Himmelfahrtsnase. In der Gießener Gegend deutet die Nase auf etwas Besonderes hin: „Doas hoarre gewegst Noase.“ Oder darauf, dass die Dinge ihre zwei Seiten haben: „Doas huet alles sei gewegst Noes.“ Die Nase kann auch stellvertretend für das Aussehen stehen. Was erst nicht richtig gelingt, dann doch ein Gesicht bekommt, „krieht gleich e anner Nas“.

Von den üblichen Typenbezeichnungen, beginnend mit Apfelweinnase über Knebbel- und Scheppnase, Stüpfel- und Tröpfelchennase bis zur Wurstnase, kennt der Frankfurter einige Dutzend. Neben „Gumbel“, „Latern“ oder „Rotzbatterie“ gibt es die „Banatzel“, auf der zweiten Silbe betont, von diffuser Herkunft und variierender Bedeutung. Sie soll sich von Banane und Atzel (Kopf) ableiten und bezeichnet auch das Gesicht oder den Kopf. So viele Naseweisheiten kann man sich nicht merken? Dann ein Tipp als Gedächtnisstütze: „Machese sich en Knobb in die Nas.“

Naseweis

Wollte man als Kind seine mit neugierigem Näschen gewonnenen Eindrücke in der Erwachsenenrunde loswerden, ließen sich diese meist gar nicht dreinreden: „Sei net so nooswitzig (vorlaut)“, hieß es dann barsch. In Mittelhessen tritt der vorwitzige Junge als „Nasensebastian“ auf und findet sich als „Nasenbast(er)“ auch in der Kasseler Mundart. Sebastian, kurz Bast, war früher ein geläufiger Jungenname. Eine sprachliche Entsprechung mit weiblichem Vornamen gibt es nicht. Ein schnippisches Mädchen ist ein „nooswitzig Ding“.

Mundartbegriffe für Gegenstände auf der Nase oder drum herum gibt es einige. Die Frühform der Sehhilfe, der Zwicker oder Kneifer, heißt „Nasepetzer“, „Nasequetscher“ oder „Naseklemmer“. In seiner zweiten Bedeutung könnte der „Nasequetscher“ angesichts zunehmender Altersarmut eine traurige Wiederbelebung erfahren – als sparsam konzipierter, kleiner Sarg mit flachem Deckel.

Sympathisch, wenn auch aus der Mode gekommen, ist der „Noosewärmer“, die kurze Tabakspfeife, deren Pfeifenkopf direkt unter der Nase den Tabaksqualm verströmt. Typisch war dies für die Tonpfeifen aus dem Kannenbäcker Land. Wenn ein Frankfurter von der „Nasfütterung“ sprach, meinte er die Prise Schupftabak. Beim „Naosepotzer“ handelt es sich nicht um das Naseschnäuzen, sondern um einen Tadel, den man sich einfängt. Die nette Wortspielerei „Nasfärberche“ stammt aus dem Pflanzenreich. Gemeint ist die Feuerlilie, deren Pollen die Nase bei Hautkontakt gelb färbt. Allergiker allerdings sollten „ihr Nas net eneistecke“.

Schnatz

In den Harry-Potter-Romanen von Joanne K. Rowling jagt man beim Quidditsch dem „golden snitch" („Schnatz" in deutscher Übersetzung) nach, einer etwa tennisballgroßen magischen Kugel. Einen Schnatz kennt der hessische Wortschatz auch, aber mit ganz anderer Bedeutung.

In dem Märchen „Die Gänsemagd" aus den Kinder- und Hausmärchen der Brüder Grimm wird die Königstochter in der Fremde von der Magd gezwungen, mit ihr die Rollen zu tauschen. Obwohl zum Gänsehüten mit dem kleinen Kürdchen degradiert, lässt sie es sich nicht nehmen, morgens ausgiebig ihre goldene Haarpracht zu pflegen, bis sie sich „geflochten und geschnatzt und wieder aufgesatzt" hatte.

Nicht nur Königstöchter legen Wert auf ihr Äußeres und „putzen" („schnatzen") sich. Eine schön frisierte Frau hört ein Kompliment auch in der Mundart gerne: „Du host dich fei geschnatzt." Bis in die 1930er Jahre konnte man einer Frankfurterin für ihr mit Stoff überspanntes und geschmücktes Haargeflecht mit dem Lob „Se hawwe awwer e schee Nest" eine Freude machen. Je nach Region bezeichnete man mit „Schnatz" generell den Haarzopf, die aufgesteckten Zöpfe oder den Kopfschmuck für besondere Anlässe wie Hochzeit oder Taufe.

Heute fallen Nest und Dutt in die Kategorie „out". Als fester Bestandteil gehört der Schnatz noch zur Frauentracht. Das geflochtene Haar wird in der Kopfmitte unter ein Stülpchen gesteckt, eine verzierte und mit Bändern eingefasste Kappe. In der Marburger Gegend gibt es dazu die Redensart „Das passt wie ein Schnatz", also wie der Haarknoten ins Stülpchen.

Sauber

Die Vorstellung zur Sauberkeit ist unterschiedlich. Kleine Kinder haben bekanntlich eine ganz andere Beziehung zum Waschen von Gesicht und Händen als Erwachsene, wovon eine Begebenheit im Verwandtenkreis zeugt. Die Frage an die hungrig zum Abendbrot geeilte kleine Tochter, ob sie denn die Hände gewaschen habe, bejaht diese kurz, während sie bereits die erste Wurstscheibe aufs Brot befördert und freudig mit der Handfläche auf der Butterschicht festklatscht. Der eindeutige Abdruck eines vom Spielen schmutzigen Händchens auf der Gelbwurst überrascht die Kleine mehr als die Eltern: „Ei, sauwer!"

Auch der Hesse kennt die Ironie des Wortes, wenn das Gegenteil von „schön und fein" ausgedrückt wird. In unserem Anekdötchen von der handbedruckten Wurst löste sich die Spannung im allgemeinen Gelächter. Die sprichwörtliche Katzenwäsche kann allerdings auf die Spitze getrieben werden. Von einen extrem wasserscheuen Zeitgenossen sagt man: „E wäscht sich wie e Katz met Spenze (Stecknadeln)." Andere erwischt es hingegen mit heftigem Schwall, sie werden bis auf die Haut „gewesche". Wer „sich gewesche hot", hat sich entweder fein herausgemacht oder ist durchtrieben, also mit allen Wassern gewaschen. Beinahe bewundernd beschreibt man den ganz coolen Typen: „Der woaschdn ean dregeldn oo" (der wäscht ihn und trocknet ihn ab).

Neuerdings liegt Hamam, das türkiche Badevergnügen, im Trend. Doch scheint bei den Hessen noch einiges an Überzeugungsarbeit geleistet werden zu müssen, wie die Äußerung einer Frau in der Bahn belegt: „Hamam, Hamam. Ich duh mich doch net wesche losse."

Verregnet

Das Lexikon beschreibt sie als kleine kugelförmige Flüssigkeitskörper, der Frankfurter nennt sie „Reechedrobbe", und wir alle geraten ins Lamentieren, wenn sie in Massen, begleitet von kühler Witterung, den Frühling und Sommer in den Hoffnungslauf schicken. Kein Wunder, dass die Verdrießlichkeit von jeher mit dem Regen verknüpft ist, auch im Dialekt. Missmutig macht man ein Gesicht, „als wenn et dräi Doo ren sell" (Westerwald). Mit der Anzahl der Tage kann man den Grad seiner Unmut anpassen: „Du gefellst mer wie drei/acht/verze Daach Reechewetter." Zur Abwechslung greift der Sprecher auch auf Gegenstände zurück. Während der „Barbelee" (Parapluie) längst aus der Mode gekommen ist, setzt man den Regenschirm sowohl gegen die Unbilden der Witterung als auch bei der Redensart ein. „E macht e Gesicht wie e verbrochene Reescherm" klingt es in Rheinhessen.

Die Aussage, es habe aber „e schö Rah getoh" (Vogelsberg), findet den Regen nicht schön, sondern beschreibt einen Schauer, der schön kräftig war. Im Frankfurterischen „fisselt" es zu Anfang (Niesel- oder Sprühregen) und steigert sich lautmalerisch bis zum „trätschen wie mit Kiwwel" (Platzregen) und gar zum Wolkenbruch: „Es schitt wie aus Ziwwer (Zuber)." Der Begossene bleibt „trätschgewatschnass" oder „putschdrebbelnass" zurück.

Aber es muss nicht alles negativ sein. Manch Gewerbetreibender ist in schlechten Zeiten bereits froh, wenn sein Geschäft nicht zum Erliegen kommt, gemäß der Devise: „Rechnets net, so drebbelts doch." Tröstlicherweise ergießt sich der Regen über alle gleichermaßen, meistens jedenfalls.

Verkält

Jeder kennt die Malaisen, die sich mit den kalten, feuchten Herbst- und Wintertagen einstellen. Nur wenige haben „e Gäulsnatur", und so hat man schnell „en Katarrh eweck". Aber man wird nicht einfach krank, sondern „verkält" sich – mit „ver" wie verschnupft, verquollen oder vermaledeit. Den Grad einer „Verkälting" meint man aus einigen Dialekten beinahe herauszuhören: „Ihr dauruch (tut euch) verkänn" (warnend). „Ich hab mich vekelt" (leichter Schnupfen). „Ich hoo mich verkolln" (Schnupfen mit anrollendem Husten).

Erste Anzeichen einer aufkeimenden Erkältung sind, dass die Betroffenen „als emol nieste misse". Schlagen Viren und Bazillen heftiger zu, muss man nicht selten „färchterlich schniss (niesen)". Wenn die „Schnuppenas wie e Wasserkränche (Wasserhahn)" läuft, möchte man „de Schnuppe gern billig abgewwe". Ob „Schnupptoch", „Schneuzplätt" oder „Schnupfbletz", das Schnupftuch ist in der Regel das Papiertaschentuch und heißt meist wie der bekannte Markenname.

Dass man dem Schnupfen auch Positives zuschreibt, zeigt die Redensart „He hot de Schnuppe lus" oder im Frankfurterischen: „Alleweil merkt er de Schnuppe." Jemand hat einen guten Riecher, durchschaut die Sache und weiß, was los ist. Gleichfalls gelassen nimmt manch eine(r) eine Erkältung in Kauf, wie das Bügelmädchen Philippine in Karl Malss' Posse „Das Stelldichein im Tivoli oder Schuster und Schneider als Nebenbuhler": „Wann mer sich aach als einmol verkält, so sucht mer sich doch gern so romantische Mondscheins-Awende."

Äbsch und unschlecht

Wenn etwas keinen Sinn ergibt, ist es unsinnig. Unscheinbares nimmt man kaum wahr. Man sagt „nichts für ungut", wenn es nicht böse gemeint war. Aber was meint ein Hesse, kreidebleich im Gesicht, mit „mer is ja so unschlecht"? „Das freut mich", wäre als Antwort unsererseits hier völlig unangebracht, denn aus „unschlecht" wird nicht „gut"; die Person fühlt sich ziemlich mies, unpässlich eben.

Manches kommt etwas „äbsch" oder „eebsch" daher. Eingeplackten erschließt sich nicht sofort der Verwendungsreichtum des Wortes, das auch „äwich", „aawich", oder „äbschd" lauten kann. Ursprünglich bedeutet es „umgewendet" oder „abgewandt" und wird häufig für „verkehrt" gebraucht („äbsch uff de Uhr geguckt"). Aber „äbsch" ist wie ein sprachliches Chamäleon und wandelt seine Bedeutung je nach Kontext. Mit der „äbsche Seit" ist die linke Seite gemeint. Ein linkischer Mensch stellt sich an „wäi en Aff off'm Schleifstee" (Kleines hessisches Wörterbuch). Der Ausruf „eebscher Kerl" gilt einem bösen, hinterlistigen oder einfältigen Menschen, je nach Zusammenhang. In „Hessisch auf Deutsch" nennt Herbert Heckmann noch „blödsinnig" („e äbsch Zeuch babbeln") und „mürrisch, unfreundlich" („e äbsch Gesicht mache").

Weitere Bedeutungen drängen sich beim Blick ins etymologische Wörterbuch auf. Unter „abich" ist von „unorganischem h", „falscher Ablösung" und von der frühen Anpassung an die „i-haltigen Suffixe" die Rede. Auch ein bisschen „äbsch", oder?

Gekränkt

Mit einem weiteren Zitat von Karl Malss widmen wir uns den krankhaften Aspekten einer nachbarschaftlichen Beziehung: „Krieh die Krenk Offebach! Bald weer mersch ze schwer worn – Madam – des is e Last!“ Die vom Markt zurückkehrende Köchin Frenz stöhnt in dem Mundartstück „Die Jungfern Köchinnen“ über ihren schweren Einkaufskorb, wobei die Offenbacher unfairerweise ihren Unmut abbekommen. Im 19. Jahrhundert hatte sich das auf die Nachbarstadt gerichtete Fluchen bereits in der Umgangssprache etabliert.

Keinem Eingeplackten entgehen die abschätzigen Äußerungen der Frankfurter über die Bewohner ihrer Nachbarstadt Offenbach. Nicht selten infiziert man sich selbst mit der „Offenbacher Kränk“ und ertappt sich, hinter einem Auto mit OF-Kennzeichen fahrend, beim Ausruf: „Ach je, ein Offebacher!“

Der Frankfurter drückt in der Beschimpfung „Krieh die Kränk, Offebach“ eine seit mehr als 170 Jahren gehegte Abneigung aus, was Anlass zu einer Anekdote gab. Ein Frankfurter Handelsmann, der sich im Winter in geschäftlichen Dingen in Offenbach aufhielt, wurde von Hunden attackiert. Als er in seiner Not nach einem Stein griff, war dieser festgefroren. Wütend stieß er obige Verwünschung aus mit dem Zusatz: „Die Staa binne se aa und die Hund lasse se laafe.“

Inzwischen geht Offenbach gelassener mit dem Spott der Frankfurter um, ließ gar die Geschichte 1998 von dem Bildhauer Bonifatius Stirnberg als Bronzeskulpturengruppe umsetzen, die man in der Frankfurter Straße bestaunen kann.

Kapitel 9
Von Machern und anderen Charakteren

Bezahle,
wann mer
Geld hat,
des is kah Kunst;
awwer bezahle,
wann mer
kahnes hat,
des is e Kunst,
liewer Mann!*

„Aus dem „Datterich“,
einem Stück in
Darmstädter Mundart,
von Ernst Elias
Niebergall

Mach fort!
Wann mer gewwe, gewwe mer gern, awwer mer gewwe nix!*
*Wird dem Frankfurter Kabarettisten Matthias Beltz zugeschrieben
Isch mach mich haam!

Mach doch!

Von aufgemacht bis zugemacht, von Macher bis Machenschaften, ums Machen geht es sprachlich häufig. Dabei sind die Verwendungsmöglichkeiten von „machen“ in der Mundart vielfältiger als im Hochdeutschen. Natürlich gehören dazu die vielen Tätigkeiten und beruflichen Aktivitäten, wobei heutzutage keiner mehr „in Strimp un Unnerhoose mecht (handelt)“ wie im 19. Jahrhundert. Auch lernten wir für die beliebte Freizeitbeschäftigung, einen „Schoppen zu machen“, treffendere Bezeichnungen kennen. Interessant ist, was noch alles „machbar“ ist. Das Frankfurterische kennt „dahermachen“ (vormachen): „Dass Se sich nett e X for e U dahermache lasse.“ Wer sich „frech macht“, nimmt sich viel heraus. „Mach fort!“ mahnt zur Eile. Selbst für das Wetter mag man Wendungen wie „Es hot e bissche nass gemacht.“, „Heint (= heute, Erläuterung auf S. 75) hots haaß gemacht.“ oder „Es macht sech driewe (trüb).“ Typisch ist „machen“ im Sinne von gehen, weggehen, verreisen: „Wo mache Se denn hie?“, „Er hat sich fortgemacht.“, „Isch mach mich haam.“ „Die Leut auszemache“ meint, jemanden zu verleumden. Die Redensart „Klaader mache Leut“ kennt man von Gottfried Kellers Novelle, die mundartliche Ergänzung lautet: „Unn Lumpe Läus, seecht mer als.“

Gemacht, getan

Noch wollen wir uns nicht davonmachen. Selbst wenn vieles machbar ist, sollte man „kaa Bosse“ oder „kaa Mäus“ (keinen Unsinn) machen. Und wir sollten realistisch bleiben: „E Atzel mecht kaa Lerch“ (aus einer Elster wird keine virtuos trällernde Lerche). Auch „tun“ zählt zu den Hilfstruppen in Sachen Aktivität, wovon Frankfurter Mütter ein Lied singen können: „Des duht mer net.“ – „Warum duht mersch net, Mama?“ – „Weil mersch net duht.“ Schon Friedrich Stoltze widmete sich der korrekten Verwendung von „thun“: „Ich dhet komme dhun, de dhest komme dhun“.

Weiter nördlich klingt es etwas anders: „Das douds net“ (das tut es nicht, genügt nicht) stammt wie die folgenden Beispiele aus dem Hessen-Nassauischen Wörterbuch. Was sich im Limburger Raum tut, könnte sich so anhören: „Entweder se hun wos gedoo (haben was angestellt), orer se wun wos don.“ Und dann das ewige Dilemma: „Etz wills kaner gedohn hu.“ Da ist man schon froh, wenn das Wetter mitspielt: „Wanns nur trocke deed bleiwe!“ Geht mal etwas nicht so wie gewohnt, hört es sich vielleicht wie in Walter Renneisens Mundartdarbietung an: „Karl, es Telefon duhds net.“ – „Duhds tute?“ – „Tute duhds, awwer duhe duhds net.“

Haben und geben

Es wäre sehr verwunderlich, würden wirtschaftliche Dynamik und Wohlstand der Rhein-Main-Region nicht auch ihren Widerhall in der Sprache finden. Wenn es ums Haben geht, ist das Angeben nicht weit. In Rheinhessen scheint man da cool zu bleiben. „Mer strunze net, mer hunn“, lautet eine beliebte Redensart, die meint, dass man es nicht nötig habe zu protzen („strunzen“). Wer trotz fehlender finanzieller Mittel mithalten möchte, gerät leicht in eine (nicht nur sprachlich) vertrackte Situation: „Mer strunze, hunns awwer net.“ Dass Hessisch nicht gleich Hessisch ist, zeigen die Mundartvarianten „mer henn“ und „mer honn“, was im Frankfurterischen „mer hawwe“ heißt. Schon beim „hawwe“ („habbe“) und seinem kurzen a deutet sich an, dass es auch beim Geben („gewwe“) knapp zugeht. „Wann mer gewwe, gewwe mer gern, awwer mer gewwe nix“, fasst es ein Spruch bissig zusammen, den man Matthias Beltz zuschreibt. Einen versöhnlichen Vorschlag macht Hedwig Witte und rät, sein Geld zusammenzuhalten, aber es nicht zu übertreiben: „Mach nit weechem Penning Bosse! / Lewe heißt’s und Lewelosse!“

Unn dadazu:

Frankfurt haftete in den 70er Jahren der unschmeichelhafte Ruf als Stadt des Kapitals („Bankfurt") und des Verbrechens und sozialen Missstands („Krankfurt") an. Dass die Bürgerschaft sich nicht lumpen lässt, wenn es darauf ankommt, soll die folgende Redensart herausstellen: „Frankfurt fährt selte aus; fährt's awer aus, so fährt's vierspännig" (zitiert nach Fried Lübbecke). Das geflügelte Wort stammt höchstwahrscheinlich von Dr. Maximilian Reinganum, Rechtsanwalt, anlässlich der Unterstützung der Stadt Frankfurt für die Opfer der Hamburger Brandkatastrophe von 1842. Die Bürgerschaft spendete statt der beantragten 25.000 Gulden die vierfache Summe an die Schwesterstadt.

Knickerig

Die Werbung schärft uns seit Jahren ein, der Knauserei zu huldigen. Der geizige Herr Krall, den Michael Quast beim Höchster „Barock am Main" in der Molière'schen Komödie mehrfach zum Besten gab, klammert sich an die „Goldischkeit" seines Dukatenschatzes und wird von allen verachtet. Die Mundartbegriffe benennen den Geizhals einerseits direkt als „Sparbreedche" (Sparbrötchen), „Läusknicker" oder „Allmei", für den in kindlicher Weise „alles meins" ist. Andererseits spiegeln sie die Zeit ihrer Entstehung wider, z.B. „Batzenarr", als ein Batzen Zahlungsmittel war und vier Kreuzern entsprach. Der „Speebrenner" (Spänebrenner) begnügte sich noch mit Kienspanlicht, als die Petroleumleuchte angesagt war.

In Zeiten, in denen man bei Schirm zuerst an den Euro und erst dann an Regen denkt, ist die Frage „Geiz oder Freigebigkeit" brandaktuell. Einige der von Friedrich Stoltze gesammelten Sprichwörter passen auf den Widerstreit der Meinungen in der Euro- und Finanzkrise. „Frankfort brengt kaa Batze um" dürfte der EZB gefallen, zumal die Rechnung aufzugehen scheint: „Die Hälft von Nix is doch immer Ebbes." Die Skeptiker halten sich dagegen an „Geldern leit in Flandern". Dabei geht es nicht um die Stadt Geldern, sondern um das Geldleihen, was man möglichst weit weg von Frankfurt tun solle. Und die Bundesbank gibt zu bedenken: „Die Schnorrer un die Dohle, die brenge nix, die hole."

Angeber

Um zu erfahren, dass alles eitel ist, bedarf es nicht unbedingt der Zitate großer Literaten wie Shakespeare. In der Finanzmetropole am Main heißt es: „In der Welt is alles eitel. Wer ka Geld hat, braucht kan Beutel.“ Anderen gefällt es, ihren Reichtum prahlerisch zur Schau zu stellen, wobei das unbescheidene Gehabe dann „nix wie Dicktuerei“ ist.

Nicht immer steckt etwas hinter dem großen Getue, sondern es wird nur hemmungslos angegeben, wie das anschauliche Bild von den Tüten-Mücken zeigt. Wer angibt, „wie e Dudd voll Migge“, macht viel Lärm um nichts, womit wir wieder bei Shakespeare wären. Das Frankfurter Wörterbuch führt noch eine andere Redensart an, die wir in einer politisch korrekten Umschreibung anführen wollen, um nicht der Diskriminierung geziehen zu werden: „Aagewwe wie zehn Männer vom Schwarze Kontinent, die nix aahawwe.“

Den dritten Angeber-Typ stellen wir wieder ungeschönt vor. Die Bezeichnung „Hochseicher“ ist nicht jedermanns Sache, aber der Typ bleibt, was er ist – einer, der große Reden schwingt, wie er in hohem Bogen uriniert.

Den weniger derben „Großkrischer“, also Großmaul und Aufschneider, lernten wir bereits im Abschnitt übers Schreien kennen. Daneben gibt es noch den „Prahlhans“ oder „Prahlarsch“, wobei „Prahlhans“ früher in begüterten Haushalten auch für die Vitrine aus edlem Holz stand, in der man Schmuckstücke, wertvolles Service und anderen ansehnlichen Hausrat präsentierte.

„Datterich“

Vor 150 Jahren, am 2. August 1862, wurde in Bessungen – heute ein Stadtteil von Darmstadt – der „Datterich“, ein Stück in Darmstädter Mundart, erstmals aufgeführt. Der 28-jährig verstorbene Autor Ernst Elias Niebergall erlebte die Premiere nicht mehr. Datterich, die Hauptfigur der Posse, ist stets in Geldnot, ein schnorrender Schwadroneur und Filou, ein Spieler und Schwindler. Gleich zu Beginn „uzt“ (neckt, foppt) er die Kellnerin Lisette: Ob sie ihm 30 Taler wechseln könne? Sie bejaht. „Schee von Ihne. Des wollt ich nor wisse (…) ich wollt nor emol Ihne ihrn gute Wille sähe.“ Mit Witz und scharfer Beobachtung schuf Niebergall einen Klassiker der Mundartdichtung in Hessen.

Zum Thema Geld meint Datterich: „Bezahle, wann mer Geld hat, des is kah Kunst; awwer bezahle, wann mer kahnes hat, des is e Kunst, liewer Mann.“ Und zum Tagesablauf: „In der Klaß bin ich gelernt worn: aurora musis amica, des haaßt uf Deitsch: Morjends schläft mer am Beste. Ach mei schenste Stunde wohrn in der Klaß die, wo ich geschwenzt hab.“ Ein Grundbedürfnis beschäftigt unseren Titelhelden: „Ich wahß net, ich hab heit schon de ganze Daag so en vasteckte Dorscht.“ Seine Meinung zum Heiraten: „Wer heidiges Daags ehrlich und geacht dorch die Welt komme will, der hat iwwerrenzig (mehr als genug) mit sich zu schaffe.“ Drehermeister Dummbach bricht eine Lanze für die Presse: „Ich geh net gern an so Orde, wo mer kah Zeidung zu läse krikt.“ Abschließend ein Rat für alle krisengebeutelten Europäer: „Awwer jetz muß sich mit Glanz erausgebisse wern.“

Unn dadazu:

Vor der Stadtbibliothek in Darmstadt erinnert der Datterich-Brunnen an den Autor des Stückes. Das Besondere daran sind die beweglichen Figuren. Die Köpfe lassen sich drehen, Arme und Beine wie bei einer Gliederpuppe verstellen, um Datterich, Spirwes, Lisette, Bennelbächer, Knerz und die anderen nach persönlichem Belieben in Szene zu setzen.

Was den Frankfurtern ihr Ebbelwei-Express, ist den Darmstädtern ihr Datterich-Express, ein Straßenbahnzug aus den 50er Jahren. Seit 1987 ist die Tram mit den Schattenrissfiguren auf Sonderfahrten in und um Darmstadt unterwegs.

Besucher des Alten Friedhofs in Darmstadt werden auf den Grabstein Niebergalls stoßen, welcher ihm allerdings erst später angesichts seiner posthumen Berühmtheit gewidmet wurde. Niebergall, der jung und alles andere als vermögend starb, wurde in einem Reihengrab, einem Armeleutegrab, beigesetzt.

Der Datterich ist ein noch ärmerer Schlucker als sein Schöpfer und macht sich keine Illusionen über seine erbärmliche Lage: „... ich hatt nix, ich hob nix un wer nix hawwe." Täglich stellt sich die existenzielle Frage: „Wie werd mer sich dann heit dorchschlage?" Doch einen Rest von Stolz hat er sich bewahrt: „Ich bin besser als mei Ruf, des vasichr' ich Sie ..."

Kapitel 10

Von falschen Hasen und anderen Uzereien

Lapäng Lappding Lapin
*ein prima Kerl!

„Lapäng“

Angenommen, ein Darmstädter antwortet auf die Frage, wo er denn wohne, er sei ein Lapping, wüssten Sie Bescheid? Bis vor kurzem hätte ich ahnungslos und mit hilflosem Bedauern auf das vermeintlich Deprimierende reagiert, das in dem Wort mitschwingt. Dank unseres geschätzten Illlustrators Martin Glomm, der mit offenen Augen und Ohren unser Bundesland erkundet und schon öfters wertvolle Anregungen gab, könnte ich heute cool anmerken: „Sie sind also aus Bessungen.“ Bessungen gehört seit 1888 zu Darmstadt.

Das frankfurterische „Lapäng“ und das bei Stoltze vorkommende „Lappding“ bringen uns auf die richtige Spur. Es geht nicht um armselige Textilien, sondern um Kaninchen, französisch „lapin“. Wann die Bessunger zu ihrem Uznamen kamen, lässt sich nicht genau rekonstruieren. Im 16. Jahrhundert ließ der damalige Landgraf Wildkaninchen ansiedeln, um die Ernährungslage seiner Untertanen zu fördern. Was gut gemeint war, entwickelte sich zur Plage, welches wahrscheinlich auch den französischen Besatzern im 18. Jahrhundert auffiel: Vom „lapin“ der Franzosen zum Spitznamen „Lapping“ ist der Weg nicht weit.

Ein früherer Brauch bei der Bessunger Kerb weckt zwiespältige Gefühle. So soll bis 2006 ein toter Hase am Kirchweihkranz gehangen haben, bis man ihn gnädigerweise durch einen Stoffhasen ersetzte. Da das französische „lapin“ auch in Wendungen wie „un fameux lapin“ (ein prima Kerl) gebraucht wird, kann sich ein Lapping wohl gut mit seinem Spitznamen arrangieren.

Frösch und Hooschebaa

Sie heißen „Dickwätze“, „Schnarrdrosseln“, „Brockenfresser“, „Klümpe“ (Klöße), „Honnichkacker“ oder „Suurmusköppe“ (Sauerkrautköpfe). Die Uznamen, die sich benachbarte Ortschaften gegenseitig gaben, füllen wie obige Beispiele aus der Waldecker Gegend lange Listen. In größeren Städten gilt das Gleiche für die Stadt- und Ortsteile. In Frankfurt steht „Dribbdebach“ bekanntermaßen für das südlich des Mains gelegene Sachsenhausen, die Heddernheimer sehen sich als lebenslustiges Völkchen von „Klaa Paris“.

Am besten versucht man, dem Spott der anderen etwas Positives abzugewinnen, wie das die „Zeilsheimer Frösch“ tun. Der Uzname des Stadtteils im Frankfurter Westen geht wohl auf die vielen Frösche im Löschteich zurück (vielleicht auch, weil die Zeilsheimer nicht die Leisesten waren). Heute gibt es einen Froschbrunnen, und man feiert alljährlich das Froschbrunnenfest. Auch die Sprendlinger nahmen ihren Spitznamen als Anlass für ihr „Hooschebaa“-Fest. Mit „Hooschebaa“ verspotteten die Isenburger Nachbarn die ärmeren Sprendlinger Buben mit ihren dürren Beinen in den viel zu kurzen Hosen. Die Uzerei, deren Anfang man nicht genau festmachen kann, hat in der Bronzefigur des fröhlich pfeifenden Lausbuben auf dem Lindenplatz das Beleidigende verloren.

Schlammbeiser und Schlüsselrappler

Mit Schlamm und Schlüssel sind wir den örtlichen Uznamen in Gießen und Windecken auf der Spur. Ein Markt, eine Kirmes und ein Schiff tragen die Bezeichnung, die eigentlich der Spottname für die Gießener ist: „Schlammbeiser". Der Uzname hat inzwischen mit dem Fest „Schlammbeisers Lahnlust" auch seinen angestammten Platz im Veranstaltungskalender der Universitätsstadt. Fluss und Fest lassen an den Schlammbeißer, einen Süßwasserfisch, denken, doch die Schreibung mit „s" kommt nicht von ungefähr.

Auf dem Kirchplatz versinnbildlicht ein Denkmal, wie man sich die Herkunft des Spitznamens vorzustellen hat. Die 2005 dort aufgestellte Statue stellt einen Arbeiter dar, mit Kübel und Eisenstange. Das „Schlampeisen" mit dem hakenförmigen Ende benutzte er für die Reinigung der Kanäle und Gräben, als es noch keine geschlossene Kanalisation gab. Damals sollen die Straßen Gießens bei Regen besonders schmutzig gewesen sein; „Schlammbeiser" galt als Schimpfwort.

Die Herkunft unseres zweiten Beispiels, der Windecker „Schlüsselrappler", ist nicht so eindeutig abzuleiten. Der Karnevalverein „Die Schlüsselrappler 71" gibt folgende Erklärung: „Nach alten Überlieferungen haben die damals Wonnecker Burschen außerhalb der Stadtmauern mit dem Rappeln von Schlüsseln vortäuschen wollen, dass in ihren Hosentaschen Münzgeld sei." Warum auch immer den Windeckern die Schlüsselklapperei geboten schien, angesichts der Schlüsselgröße früherer Jahrhunderte wurde scheinbar kein Aufwand an klimperndem Hosentaschenvolumen gescheut.

Hausbärte

Die Gebietsreform Anfang der 70er Jahre bedeutete auch für Niederhöchstadt im Main-Taunus-Kreis das Ende der kommunalen Selbstständigkeit. Einheimische kommentierten den Zusammenschluss auf ihre Art: Sie überklebten, wie das Höchster Kreisblatt berichtete, das Ortsschild mit der ironischen Beschriftung „Eschborn, Ortsteil Haambärtshausen“ und betonten zumindest sprachlich ihre Eigenständigkeit. Denn „Haambärt“ oder „Hoambert“ ist der Uzname für die Niederhöchstädter.

Als Außenstehender ist es gar nicht so einfach, die Bedeutung des mundartlichen Ortsspitznamen zu ergründen. Hat man „haam“ als „daheim“ und „bärt“ als „Bärte“ ausgemacht, stellt einen die Kombination der Begriffe vor ein neues Rätsel. Auch der Autor des Zeitungsberichtes machte sich seine Gedanken, lieferte die folgende Erklärung. Ein „Haambärt“ ist gerne zu Hause, trägt einen Bart und beobachtet mit Vorliebe vom Fenster aus, was draußen los ist. Wie es heutzutage mit der Häuslichkeit der Bewohner Niederhöchstadts aussieht, können wir nicht beurteilen. Aber die Zahl der Bartträger dürfte der bundesdurchschnittlichen Norm entsprechen, selbst wenn eine volkskundliche Quelle den Niederhöchstädter früherer Zeiten als „Hahnbärt“ mit obligatorischem Kinnbart ausmacht.

Angesichts dieser mageren Erklärung von „Haambärt“ bleibt der Uzname rätselhaft. Erst die fundierten Kenntnisse eines Niederhöchstädters über die Ortsgeschichte liefern eine plausible Erklärung für den Spitznamen. Demzufolge geht auf einen konkreten Vorfall im Jahre 1848 zurück, als es zwischen dem damaligen Pfarrer und seiner Gemeinde zum Streit wegen des Kommunionunterrichts kam. Die Auseinandersetzung eskalierte, der Pfarrer wurde schließlich aus dem Dorf gejagt, worauf in den folgenden drei Jahren kein Gottesdienst mehr stattfand. Der Küster, welcher sich gleichzeitig als Barbier um Frisur und Rasur der Herren kümmerte, hielt es mit dem Pfarrer. Die Männer boykottierten ihn, blieben zu Hause und ließen sich Bärte wachsen.

In der Zeit vor dem Elektrorasierer war der Gang zum Bader üblich. Ob der eine oder andere Niederhöchstädter nicht doch mal selbst zum Rasiermesser griff, wissen wir nicht, doch der Protest schien zu wirken. Drei Jahre nach dem Eklat wurde der Pfarrer vom Bischof versetzt, ein neuer übernahm die Gemeinde. Der Streit geriet in Vergessenheit, der Name „Haambärt" blieb.

Unn dadazu:

Im Vergleich mit Eschborn, wozu Niederhöchstadt gehört, kursieren in den Uznamenslisten auch die Spitznamen „Lutherköpp" für die Eschborner bzw. „Christusköpp" für die Niederhöchstädter, welche nach der Reformation wieder katholisch wurden.

Säcker und Kruggelscher

Die Uznamen „Säcker" und „Krugelscher" führen uns ins Nassauer Land. Gebürtige Limburger nennt man „Säcker" (Sackträger); Bürger, für die das seit mehreren Generationen gilt, heißen „Edelsäcker". Die Fuhrwerke, die im Mittelalter auf der Fernhandelsroute Limburg erreichten, mussten vor dem Bau einer Brücke die Lahn in einer Furt überqueren, wobei Tagelöhner die Waren sicher zum anderen Ufer transportierten. Säcker, heißt es, brauchte man später auch an einer Engstelle in der Innenstadt. Allzu ausladend beladene Wagen wurden von den Säckern entladen, bis sie passieren konnten, und ein Stück weiter wieder bepackt. Wie bei alten Ortsspitznamen üblich, schmücken auch andere Deutungen die Entstehung des Namens aus. So sollen die Limburger in den Notzeiten nach dem Zweiten Weltkrieg Essbares auf der Flur der Nachbarn „eingesackt" haben.

Auch der Spitzname der Bewohner des zu Limburg gehörenden Lindenholzhausen leitet sich von einem Haushaltsgegenstand ab, der wie der Sack früher zu Haus und Hof gehörte; „Kruggelscher", kleine Krüge. Damit trugen die Dorfbewohner ihr Wasser nach Hause, was nichts Ungewöhnliches war, als es noch keine Wasserversorgung gab. Allerdings hat nicht jeder Ort einen Brunnen, an dem er einen Säuerling als Haustrunk abfüllen kann. Eine weitere Benennung für die Lindenholzhausener ist „Holleser", was sich Ortsfremden erst durch einen Blick in die Ortsgeschichte erschließt. In einer Urkunde aus dem achten Jahrhundert ist von „Holtzhuse" die Rede, was in der Mundart zu „Hollese" abgerundet wurde. Ob Sauerborn oder Bäume, mit seinen Uznamen dürfte Lindenholzhausen klarkommen.

Rennewäms

Der Rennewäms-Ball ist fester Bestandteil der Langenhainer Fastnacht, eines Stadtteils von Hofheim, und die TGS Langenhain richtet alljährlich zu Fronleichnam ihren traditionellen Rennewäms-Cup, ein Handballturnier, aus. Der Begriff „Rennewäms" hat allerdings nichts mit Sport zu tun, sondern ist der Uzname der Langenhainer.

Mit „Renne" ist die Rinde gemeint, die man als Lohe benötigte, um Leder zu gerben. Die Ursprünge der Lederindustrie im Lorsbachtal lagen im 18. Jahrhundert. Viele Mühlen wurden zu Gerbereien umgewandelt, mit dem Bau der Eisenbahn ab den 1870er Jahren boomte der Wirtschaftszweig. Das Schälen der Eichenrinde sicherte ein gutes Einkommen, zumal man in der Blütezeit der Lederverarbeitung große Mengen an Gerbrinde brauchte, um eine ausreichende Menge des Gerbstoffs Tannin herzustellen.

Auch die Langenhainer, die in den Schälwäldern arbeiteten, profitierten davon und konnten sich beispielsweise bessere Kleidung leisten. Die Bezeichnung „Rennewäms“ für die wollenen „Rindenjacken“ als Zeichen eines gewissen Wohlstands wurde zum Ortsspitznamen. Ein weiterer Uzname der Langenhainer, „Hainbeck“, soll ebenfalls vom Waldreichtum des Ortes herrühren und sich auf Hainbuchen beziehen.

Kapitel 11
Von Moldrofs und anderem aus der Natur

Tierrätsel

Viele kennen die Sendung „Das große HessenQuiz“ im Hessischen Rundfunk, wo unter anderem zu einem Geräusch das passende Tier gesucht wird. Ob es sich um den Ruf eines Raubvogels oder die Laute eines Wisents handelt, das sein Fell am Baum reibt, die Auflösung verblüfft immer wieder. In den folgenden Mundartzeilen aus dem Vogelsberg (gefunden im Hessisch-Nassauischen Wörterbuch) versteckt sich in der klassischen Rätselform ein allseits bekanntes Tier: „Es ies e Männche hie aus. Das fährt des Morgens früh aus. Ohne Blukk (Pflug) en ohne Schar.“ Erraten? Zur Überprüfung noch eine südhessische Variante aus dem Südhessischen Wörterbuch: „Mei Verrer (Vetter) Schwarz zackerd (pflügt) hinnerm Gardezaun unn mer siehd en nit.“

Im Dialekt heißt der Vetter in Schwarz auch „Molberd“, „Molbroch“, „Moldereusert“, „Muldraaf“ oder „Mullwerf“ – der eifrige „Erdwerfer“ mit dem „Molderhaaf“ als untrüglichem Zeichen seiner Tätigkeit. Ein „Moldruffskibbel“ neben dem anderen bringt den Rasenliebhaber zur Verzweiflung. Ob als „Moldrof“ oder in einer anderen mundartlichen Bezeichnung ist es für einen Maulwurf angezeigt, in Deckung zu bleiben und häufig den Standort zu wechseln. Vielleicht erklärt die Wühlarbeit im Untergrund eines Geschöpfes, das sich selten blicken lässt, dass in manchen Gegenden die Menschen denselben Begriff für Maulwurf und Maulwurfshaufen verwendeten. Erst später versuchte man, Tier und Hügel auseinanderzuhalten: „Molderhaaf“ und „Molderhaafshübbel“. Der „Maulwurfshaufenhügel“ zollt den Erdwerken des Maulwurfs somit die angemessene sprachliche Anerkennung.

Flora 1

Die mannigfachen Bezeichnungen für Pflanzen in der Mundart ergeben, soweit im Sprachgebrauch erhalten, einen üppigen Blütenflor. Welche Pflanze das Wort im Dialekt bezeichnet, bleibt nicht selten rätselhaft. Dass mit „Tulipane“ Tulpen gemeint sind, leuchtet ein. Aber „Speckblume“, „Hasenschnütchen“, „Mooslämmchen“, „Wanzenkraut“ und „Schmergel“ bedürfen der Erläuterung. Zugegeben, wir haben regional kräftig gemischt. Die Auflösung in gleicher Reihenfolge lautet: Anemone, Löwenmäulchen, Maßliebchen (Gänseblümchen), Farnkraut und Sumpfdotterblume. Als Kind war für mich alles mit gelben Blüten eine Dotterblume, weshalb ich etwas erstaunt dem Mundartwörterbuch entnahm, dass es der Frankfurter früher mit seinen „Herrgottschickelcher“ ähnlich hielt. Der „kleine Gottesschuh“ bot sich als Vergleich für den Gelben Frauenschuh, eine Orchideenart, an, ließ sich aber ebenso auf gelb blühende Schmetterlingsblütler wie Besenginster und Goldregen übertragen.

Zu Großmutters Zeiten leuchteten „Krummhäls“ und „Butzeblumme“ im Garten, was südhessische Bezeichnungen für Osterglocken und Bartnelken sind. Eine heitere Wortschöpfung ist „Gesichtercher“ für Stiefmütterchen, die in südhessischer Mundart „Pensee“ oder „Pangsee“ heißen. Die Tatsache, dass wir heute eine Pflanze eindeutig benennen können, verdanken wir der Systematik des schwedischen Naturforschers Carl von Linné. Es ist gut zu wissen, dass die Melde zur Gattung Atriplex gehört, doch auch der Mundartbegriff „Schissmell“ hat sein Gutes – er liefert uns die Einstufung des Ackerunkrauts gleich mit.

Flora 2

Dem Kunden, der im Baumarkt nach „Nägelcher" fragt, wird der Verkäufer den Weg zum Regal mit den kleinen Drahtstiften weisen. Doch wie reagiert der Verkäufer in einem Gartencenter auf die gleiche Frage? Mit abfälligem oder spöttischem Unterton hieße die Antwort wohl: „Nägel? Die gibt's im Baumarkt." Und doch ist der Pflanzenfreund voll bei Sinnen und wird den in der Mundart Unkundigen sicher gleich aufklären.

Denkt man dabei nicht an Nägel, sondern lässt sich von der Lautähnlichkeit mit Nelken leiten, ist man auf der richtigen Spur. Im Südhessischen heißen sie „Nächelcher", „Nelercher" oder „Naalcher". Meist ist aber mit den „Nägelchen" der Flieder gemeint, beispielsweise in der mundartlichen Form von „Nägelchensbaum" für den Strauch oder in Kombination als „Nägelchensrose" und „Nägelchensblume". In Mittelhessen sagt man eher „Bäumchensblume" oder „Bäumchensrose", natürlich im Dialekt.

Im nördlichen Hessen geht man zu den Wurzeln.

„Sirene", „Zerene" oder „Zyrese" als Bezeichnungen für den Flieder rühren von dem griechischen Lehnwort „Syringe" („syrinx") her, welches auch die Botaniker benutzen (Syringa vulgaris). Was „Röhre" bedeutete und auch für die aus Holzröhrchen zusammengesetzte Hirtenflöte stand, ließ sich als anschauliches Bild auf den duftenden Flieder mit seinen vierzipfeligen, langröhrigen Blüten übertragen.

Wie die mannigfachen Züchtungen des Gewächses bereichern die mundartlichen Varianten das Bouquet in sprachlicher Hinsicht. Vor Fehlinterpretationen sei jedoch gewarnt: Wo „Zitterene" oder „Zätterine bliehn", darf man keine Zitrusfrüchte erwarten.

Krabbler

Ein paar Löcher müssten schon in der Schachtel sein, damit der Schornsteinfeger Luft bekäme, meinte die Mutter. Nein, wir hatten nicht den Kaminkehrer in das Behältnis gezwängt. Der rappelnde Insasse war ein Maikäfer. Natürlich hatte man bald ein Einsehen. Maikäfer flieg! Die Zeilen eines Maikäferlieds lauten in Frankfurter Mundart: „Maikäwerche flieh eweck / Dei Häusi brennt / Dei Mutterche flennt / Dei Vatterche sitzt uff Schawelle / Flieh hoch in alle Helle." Das Wörterbuch macht uns darauf aufmerksam, dass der Frankfurter Vater die Lautähnlichkeit ausnutzt und sich etwas bequemer hinsetzt, nämlich nicht auf die Schwelle, sondern aufs „Schawellche" (Schemel, Fußbank). Cleverche.

Selbst wenn Kinder noch keinen echten Maikäfer gesehen haben, ist der Käfer in Schokoladenform präsent. Während die Käfer am Ende ihres drei- bis fünfjährigen Lebenszyklus in Massen auftreten können, sind die mundartlichen Begriffe für das Insekt im Schwinden begriffen. In Mittel- und Nordhessen mag man noch auf Worte wie diese stoßen: „Klette", „Käferletz", „Hühnerkleber", „Maivogel", „Maikafel" oder „Wiebelchen" (kleiner Käfer). Ganz ausgefallen ist „Molkenzaubersche", zumal es ohne Lexikon rätselhaft bleibt, was der Maikäfer mit Zaubern und geronnener Milch zu tun hat. „Molkendieb, -stehler, -staffel" nannte man Schmetterlinge, und in ähnlicher Weise steht wohl der „Milchzauberer" für den Maikäfer.

Spezielle Käferarten gibt es im Rhein-Main-Gebiet, z. B. den Bornheimer und Heddernheimer Käfer. Unbekannt? Dann sollten Sie mal die Bernemer und Heddemer Käwwern während der Fastnachtskampagne schwirren sehen.

Ütsche

Der Ruf, den unser Sprachgebrauch den Säugetieren anhängt, schwankt. „Die bärige Sach" ist was Tolles oder, wie die Oberbayern sagen, „Pfundiges". „Ein dicker Hund" dagegen deutet auf Misslungenes, Unerhörtes und Ärgerliches hin. Amphibien wie Frösche, Kröten und Unken genießen generell ein schlechtes Ansehen. Wer möchte schon gerne ein Frosch sein oder eine Kröte schlucken?

Obwohl niemand eine Kröte mit Alkoholproblemen kennt, reden wir von der „besoffenen Krott" oder „voll wie e Krott". Außerdem scheint man sich das Tier als schlimmen Choleriker vorzustellen, denn wenn einem „die Krott steiht", dann steigt die Wut in einem hoch. Wenigstens ist die Verwünschung „Dich soll die Krott petze" halb scherzhaft gedacht, denn der Gedanke, von einer Kröte gekniffen zu werden, schreckt nicht besonders.

Bis nach Mittelhessen und Osthessen herrscht mundartlich „Krotte“ or „Krott“ vor. Im Norden Hessens steht dafür „Utsche“, „Ütsche“ oder „Itsche“, im Waldecker Land „Pädde“. Die Mundartbegriffe bezeichnen nicht nur das Tier, sondern im übertragenen Sinne auch eine Frau, vor allem wenn sie recht zänkisch ist: eine „räächde Idschen, die den gähnzen Daag schbekdakelde“ (Hessen-Nassauisches Wörterbuch). Bei Kindern wird „Ütsche“ in ähnlichem Sinne wie die „Krott“ entweder für ein freches Kind verwendet oder als Schmeichelwort.

„Utsche“ heißt aber nicht immer „Kröte“, sondern kann sich auch von „utsch“ (autsch) herleiten und bedeuten, dass es wehtut oder dass man jammert, beispielsweise in der Westerwälder Mundart: „utsche“ (klagen), „Hütsche“ (Kröte). Manchmal liegen ja wehklagen und zanken nah beieinander.

Kapitel 12

Von Orten, Dingen und Gelersch

Ei, was wollese dann mit dem Kerschel?

Da werd noch viel Wasser
de Maan enunner fließe …

Mahne und Metze

Kindliche Erfahrungen mit der Mundart prägen. Auf die Frage der Volksschullehrerin an die Klasse, wo denn diesmal die Ostereier versteckt gewesen seien, antwortete der Sechsjährige: „Im Ern." Die Belehrung, dass dies „Hausflur" hieße, trübte den kindlich-unbeschwerten Umgang mit der Mundart. Nun hat der „Ern" gottlob im Kreuzworträtsel überlebt, aber im Sprachgebrauch hat der „Hausflur" gewonnen. Manchmal bringen sich solche sprachlichen Auslaufmodelle wieder in Erinnerung wie im Falle des Arbeitskollegen, dessen Vater ihn vor geraumer Zeit nach der „Mahn" fragte. Wenn Sie dabei an einen Haushaltsgegenstand denken, liegen Sie richtig. Der Begriff stammt von dem niederdeutschen „Mand(e)" für Weidenkorb. Und wie sich die Begriffe regional unterscheiden („Mahn", „Mann", „Mange"), so weichen auch die Behältnisse in Form, Größe und Zweck voneinander ab: rund oder oval, Holz-, Spreu-, Kartoffel- oder Wäschekorb, mit oder ohne Griff. „Mahne sin ka Kerb", stellt eine Redensart unmissverständlich klar.

Während man das Nischendasein mancher Mundartbegriffe bedauert, erweist sich die Begriffsvereinfachung manchmal als hilfreich. Keiner möchte mehr mit umständlichen Hohlmaßangaben herumrechnen, z. B. mit einer Metze (entsprechend einem Achtel Scheffel) oder dem Getreidemaß Malter (= 4 Simmern = 8 Mester). Das wussten schon die alten Frankfurter: „Da krieht mer en Kobb wie e Simmern."

Landleben

Längst bestimmen Maschinen den Arbeitsablauf in der Landwirtschaft, manchmal sogar mundartlich (S. 19). Mähdrescher lösten die Drescher mit ihren Dreschflegeln ab; mit „Flegel“ beschimpft man nicht mehr allein den Bauer wegen seines klobigen Arbeitsgeräts. An die kräftezehrende Arbeit des Dreschens erinnern Redensarten wie „Des is e Porzjon foren Drescher“ oder „Der frisst wie e Drescher“, wenn jemand verfressen ist. Bei großem Appetit bietet sich „en richdige Scholle“ (dicke Scheibe Brot) an. Damit schlägt die „Scholle“ den Bogen vom Erdklumpen zum Nahrungsmittel, das man dem Boden verdankt. Wer dasitzt wie die „Krott uffem Scholle“, bläst Trübsal. In Mittelhessen und Teilen Osthessens verwendet man „Schorn“ für Erdscholle. Ein trockener Sommer „brengt hodde (harte) Scherner“.

In der Tierhaltung sind „Watz“ für den Eber und „Muck(e)“ für das weibliche Zuchtschwein typische regionale Bezeichnungen, welche beide auch als Schimpfwörter für Männer und Frauen dienen (z. B. „e dick Muck“). Die „Geiß“ ist aus dem Landleben so gut wie verschwunden, sprachlich dominiert die Ziege. Ähnlich erging es der „Geißel“ (Stock mit Schnur), die von der Peitsche verdrängt wurde. Welcher Pferdeliebhaber möchte ein Teil seiner Reitausrüstung mit dem unfeinen Wort „Gaaßel“ benennen? Der „Wiesbaam“ dürfte als vermeintlicher „Baum auf der Wiese“ Verwirrung stiften. Denn zum Einfahren des Heus ist der Heu- oder Wiesenbaum, die Stange, die man zur Befestigung über die Ladung spannte, überflüssig geworden. Aber zum Trost gibt es ja den Maibaum und den Kerbebaum.

Dalles, Hessen

Wie heftig musste in den 80er Jahren der Seifenopervirus von „Dallas“ die Bewohner des Rhein-Main-Gebiets infiziert haben. Mir fiel das Wort häufig im Lokalteil der Zeitung auf, wo es sich scheinbar auf Neuhessisch als „Dalles“ etabliert hatte. Aber irgendwie passte nichts zusammen. Was hatten J. R. und die Ewings mit dem Buchrainplatz in Frankfurt-Oberrad zu tun? Und wieso ging es um den Weihnachtsmarkt und nicht um Erdöl?

Miss Ellie wäre wahrscheinlich klar gewesen, dass Dalles nichts mit Texas zu tun hat. Das Wort ist jiddischen Ursprungs, kommt vom hebräischen „dalluth“ und bedeutet „Armut, Pleite, Bankrott“. Redensarten wie „Bruch und Dalles“ umschreiben auch andernorts schlechte Verhältnisse. Aus Hessen und dem Rheinland ist „Dalles und Kompagnie“ überliefert, wobei der nachgeahmte Firmenname für Verschuldung und Geldmangel steht.

Im 19. Jahrhundert nannte man die Konstablerwache in Frankfurt, wo sich Tagelöhner, Gelegenheitsarbeiter und arbeitslose Dienstmädchen trafen, „Dalles(platz)“ oder „Fulderbörs“ (weil viele aus der Fuldaer Gegend stammten). Die Fulderbörse wurde 1879 auf den heutigen Börneplatz verlegt.

Laut Südhessischem Flurnamenbuch stand der Dallesplatz von Frankfurt oder Mainz Pate für den Dalles als Dorfplatz oder Ortsmittelpunkt, wo ursprünglich arme Kleinhändler ihre Ware feilboten. Inzwischen ist der Dalles auch Synonym für die Finanzlage einiger EU-Länder: „Da hawwe merr nu de Dalles.“

Main 1

Volksfeste gibt es in den am Main liegenden Orten viele, doch scheinen die Franken keine Festivität namentlich der wichtigsten Wasserader Nordbayerns zu widmen. Anders in Hessen: Das Rüsselsheimer Mainfest im Frühjahr bietet neben Unterhaltung, Kulinarischem und Sport auch eine Fährverbindung zwischen Flörsheim und Rüsselsheim. Frankfurt feiert gleich dreimal am Flussufer: Das traditionelle Mainfest reicht bis ins 14. Jahrhundert zurück. Museumsuferfest und Griesheimer Mainuferfest sind vergleichsweise junge Veranstaltungen.

Mit den fränkischen und südhessischen Dialekten, die man an seinen Ufern spricht, ändert der Main seinen Namen. Während „Moenus" (so nannten ihn die Römer) im oberfränkischen Quellgebiet der „Maa" ist, spricht man im Unterfränkischen zumeist von „Mee" und wechselt auf hessischer Seite wieder zu „Maa". Echte Frankfurter sprechen das lange „A" als Nasallaut, ähnlich wie im französischen „blanc".

Natürlich spielt auch in einigen Gedichten Friedrich Stoltzes der Main („Mää") eine Rolle: „Der klääne Mää", „Der Mää is zu" oder „Feuer am Allerhell'je Mää". Doch wieso „Mää"? Lassen wir uns von Stoltzes Schreibweise nicht zum langen „Ä" verleiten, der Autor wollte damit das helle „A" kenntlich machen, im Unterschied zum A-Laut wie in „Dischdisch aagebaggt!", der einem „O" nahekommt. Für den Frankfurter bleibt der Main der „Maa". „Da werd noch viel Wasser de Maa enunner fließe."

Main 2

Bis Mitte des 19. Jahrhunderts war in Frankfurt die Alte Brücke die einzige Brücke über den Main und hieß „Sachsehäuser Brick“ bei den Frankfurtern bzw. „Maabrick“ bei den Sachsenhäusern. Ein prägnantes Bauwerk wie die Mainbrücke hinterlässt natürlich auch sprachliche Spuren. Sie taugte einst zum Schimpfen und Fluchen: „O heste die Maabrick im Bauch, dass de verplatze dest.“ Steigern ließ sich das durch die Querlage: „zwerch (quer) im Mage“ liegend.

Angesichts der heutigen Skyline müsste man das Objekt beim Verwünschen zeitgemäß ersetzen, etwa durch „daste des Maaplazza im Hals steckebleibt“. Als Ausdruck des Erstaunens („Alleweil fällt die Maabrick ein“) hat die Brücke ebenfalls ausgedient. Die folgende, im Frankfurter Wörterbuch überlieferte Redensart ließe sich wegen der gestiegenen Wasserqualität jedoch wiederbeleben: „Wann de met dem Gesicht in Maan guckst, krebirn die Fisch.“

Art und Gestalt der Wasserfahrzeuge auf dem Main haben sich in den letzten 150 Jahren zwar gewandelt, doch im „Maabootsche“ kann man das Südufer abstrampeln oder als Freizeitkapitän den Fluss genießen. „Maabootscher“ heißen zudem große Schuhe oder Füße, auch „Maadatschen“ genannt – die mundartliche Entsprechung der „Quadratlatschen“. Überflüssiges oder unnützes Tun umschreibt man mit „Des is Wasser in Maa(n) getraache“. Der Spruch „Euro nach Frankfort traache“ hat sich trotz EZB nicht durchgesetzt.

Kerschel

Manche Mundartwörter, die man als Kind aufschnappte und als fremdartig einstufte, bleiben im Gedächtnis haften, obwohl man sie selbst nie benutzte. Eine meiner „stummen", aber mit Kindheitserinnerungen behafteten Begriffe ist der „Kehrichtbauer". So nannte der Nürnberger Onkel, wo man als sechsjähriger Junge vom Land die Ferien verbrachte, die Bediensteten von der städtischen Müllabfuhr. Jahrzehnte später, holte mich in Frankfurt der „Kehricht" wieder ein: „Ei, was wollese dann mit dem Kerschel?" Typischer Zischlaut und vermeintliche Verkleinerungsendung lassen den Unbedarften auf die „klaa Kersch" schließen. Nein, nicht Kirchlein, der profane Krempel, das unnütze Zeug ist gemeint.

Auch die Frankfurter kannten mal den „Ke(h)rschelbauer", von dem sie sich allerdings laut Frankfurter Wörterbuch schon in den 40er Jahren, zumindest sprachlich, verabschiedeten. Die dort erwähnten „Kehrschelbrieder" sind ebenfalls nicht mehr aktuell. Das „Keh()rsel", das Zusammengekehrte, bezeichnet im mundartlichen „Kerschel" allgemein den Abfall, den Plunder und alte, wertlose Dinge. Was Herbert Heckmann in seinem „Hessisch auf Deutsch" beschreibt („Er hat de ganz Wohnung voller Kerschel. Mer weiß net, wo mer hindappe soll."), heißt neudeutsch „Messie". Für Personen, die Schmutz und Unrat zugetan sind, kennt der Dialekt die „Kerschelkäthe" und den „Kerschelhannes". Mit Letzerem sollten Sie Beschäftigte der FES (Frankfurter Entsorgungs- und Service GmbH) allerdings nicht benennen.

Gelersch

Viele Dinge verlieren mit zunehmendem Alter an Wert. Neben „Kerschel“, den man nicht mehr will oder braucht und welcher dann in der Tonne landet, hört man manchmal den Begriff „Gelersch“ („Gelärr“). Ursprünglich meinte „aal Gelersch“ ein baufälliges Haus (oder ein altes Gerät). Die Brüder Grimm führen in ihrem Wörterbuch die Herkunft von „Gelärr“ auf die althochdeutsche Bezeichnung für Wohnung oder Wohnsitz („Gilari“) zurück, die sich auch in Ortsnamen wie Fritzlar oder Goslar versteckt. Und wie das Zuhause verkommt, wenn man es vernachlässigt, so verschob sich die Wortbedeutung vom ordentlichen Heim zur Bruchbude und steht ebenso für das Gerümpel, das sich dort ansammelt.

Apropos Bude. In der Messestadt Frankfurt waren „e Hitt un e Bud“ (Hütte und Bude) geläufige Begriffe für die Verkaufsstände, wobei sie in Sachen Behausung wie im Hochdeutschen eher auf den heruntergekommenen Zustand hinweisen. Auf dem Weihnachtsmarkt locken die „Büdcher“ die Massen an; das „Büdche“, der auch „Wasserhäuschen“ genannte Einkaufskiosk, ist dagegen eine ganzjährige Frankfurter Einrichtung. Dem „Gelersch“ im Gebäudebestand der Mainmetropole beugt man durch frühzeitigen Baggerbiss vor, obwohl eine Redensart einem alten Haus nichts Wertloses, sondern durchaus Inspirierendes zuschreibt: „Der hat Eifäll wie e aal Haus.“ Eine bedauerliche Fehlinterpretation.

GELE
RS
CH

Literatur- und Quellenverzeichnis

Bambach, Kurt: Warum dann net? Reddensgewohnheite wie dehaam! Nidderau 2002.

Ernst, Eugen (Hrsg.): Lache is gesund! Gereimtes und Ungereimtes aus den hessischen Mundartlandschaften. Frankfurt 1992.

Frankfurt in seinen Sprichwörtern und Redensarten. Gesammelt und teilweise erklärt von Friedrich Stoltze. Nachdruck der Ausgabe von 1939. Frankfurt 1980.

Frankfurter Allgemeine Zeitung: 19.06.2011, Sonntagszeitung. Kall, mei Drobbe!

---: 8.02.2011. Wo der Junge ein Bub ist.

---: 20.06.2007. Das RMV-Hessisch breitet sich mit den Pendlern aus.

---: 11.12.2004. „Ich spreche Pidgin-Hessisch"

---: 17.10.2004, Sonntagszeitung. Mundart im Wandel.

---: 23.03.2003, Sonntagszeitung. „Das ist nämlich Arbeit, witzig zu sein"

Frankfurter Wörterbuch. Frankfurt am Main 1971 (1. Lieferung) – 1985 (18. Lieferung).

Friebertshäuser, Hans: Das hessische Dialektbuch. München 1987.

---: Kleines hessisches Wörterbuch. München 1990.

Gänsemagd, Die. In: Kinder- und Hausmärchen gesammelt durch die Brüder Grimm, Band 2. Insel Verlag, Frankfurt 1974.

Gräber, Gerhard H.: Iseborjer Sprüch' un Gebabbel (CD). Neu-Isenburg 2011.

Herrmann, Ulrich: Des unn sell. Mundartiges, Anektoden und Merkwürziges aus der Heimat. Bad König 2012.

Heckmann, Herbert: Hessisch auf deutsch. München 1973.

Hessen-Nassauisches Wörterbuch. Elektronische Ausgabe. Landesgeschichtliches Informationssystem www.lagis-hessen.de.

Kluge, Friedrich: Etymologisches Wörterbuch der deutschen Sprache. 24. Auflage. Berlin, New York 2002.

Lewis, Ingrid, Naumann, Bernhard: Das Hessische Schimpfwörterbuch. Nidderau 1990.

Malss, Karl: Frankfurter Mundartstücke. Frankfurt 1988.

Niebergall, Ernst Elias: Datterich. Elektronische Ausgabe. Projekt Gutenberg-DE. http://gutenberg.spiegel.de.

Scherenberg, Michaele; Stier, Karl-Heinz: „Zum Anbeißen". Das hessische Apfelbuch. Frankfurt am Main o. J.

Sigel, Kurt: Krumm de Schnawwel – Grad de Kerl. Düsseldorf 1980.

Stoltze, Friedrich: Werke in Frankfurter Mundart. Ausgewählt u. hrsg. Von Fritz Grebenstein. 4. Auflage. Frankfurt 1990.

Ullrich, Fritz: Handbuch für Sprichklobber. Frankfurt 1978.

---: Ich glaab dir brennt de Kittel. Frankfurt 1983.

---: Schnabbschiss aus Hessen. Frankfurt o. J.

Witte, Hedwig: Hessisch, wie es nicht im Wörterbuch steht. Frankfurt 1991.

Zu guter Letzt gebührt mein herzlicher Dank den Damen und Herren, die mich mit Anregungen, Ergänzungen, Zuschriften, Literatur, kurzum mit ihrem mundartlichen Wissen unterstützt haben. Nennen möchte ich Corinna Nickoll, Hanni Schreiber, Karin Wöllenstein, Oliver Brück, Bernd Buch, Alexander Englert, Martin Glomm, Gerhard Gräber, Holger Vonhof und Helge Wagner.

Martin Glomm
1964 in Kassel geboren, studierte an der Hochschule für Gestaltung in Offenbach. Er arbeitet als Grafiker in der Redaktion der Frankfurter Neuen Presse und bereist gerne Hessen von oben nach unten und von links nach rechts.

Hans-Peter Dieterich
1957 in Unterfranken geboren, lebt seit 1985 in Frankfurt. Er arbeitet als Archivar bei der Frankfurter Neuen Presse, für die er seit April 2012 auch zweimal wöchentlich Glossen zur hessischen Mundart und anderem Wissenswerten über das Bundesland scheibt.

Foto: Alexander Paul Englert